强势

邓富强 著

人民邮电出版社
北京

图书在版编目（CIP）数据

强势 / 邓富强著. -- 北京 : 人民邮电出版社,
2024. -- ISBN 978-7-115-65354-3

Ⅰ. K825.38

中国国家版本馆 CIP 数据核字第 2024JW4453 号

内 容 提 要

这是一个普通人朝命运要答案的故事。

邓富强，一个曾一无所有的山村娃，靠知识的力量跨越重重障碍走出大山，20多岁实现财务自由，见惯了商海沉浮却也不改赤诚，打拼了20余年后创立实体企业"赫为"，自媒体账号"赫为强哥"收获千万粉丝，数十亿观看量。

想成事，要强势！或许你不知道他是谁。没关系，从他的那些迷茫、挣扎、热血经历中，你一定能找到自己的影子。

什么是强？对于成功或者改变命运的强烈渴望，踏踏实实学本事的强劲奋斗，面对挑战时的强韧不屈，以及最终成为一个强大的人。

什么是势？是势在必行的勇气，势不可当的智慧，势如破竹的发展，以及渺小时借势、成长时顺势、强大时为他人造势的善良……

所谓强势，是一种生活态度，要淋漓尽致、尽兴而为、满载而归。但也只不过人生一场，为了成为想成为的人，为了保护想保护的人，拼尽全力。

◆ 著　　　　　邓富强
　　责任编辑　　徐竞然
　　责任印制　　周昇亮

◆ 人民邮电出版社出版发行　　北京市丰台区成寿寺路 11 号
　　邮编　100164　　电子邮件　315@ptpress.com.cn
　　网址　https://www.ptpress.com.cn
　　天津千鹤文化传播有限公司印刷

◆ 开本：880×1230　1/32
　　印张：9.25　　　　　　　　　2024 年 10 月第 1 版
　　字数：160 千字　　　　　　　2024 年 12 月天津第 4 次印刷

定价：69.80 元

读者服务热线：(010)81055296　印装质量热线：(010)81055316
反盗版热线：(010)81055315
广告经营许可证：京东市监广登字 20170147 号

学会强势　开启好运

前言

对于写书，我一直心存敬畏之心，总觉得那应该是"大家"才能做的事。

如果要写，我也希望写一本连我自己都喜欢阅读的书，如同"赫为强哥"的短视频一样，连我自己都喜欢看。

作为一名农村娃，我大学毕业后弃教从商，从一名基层的销售做起，做到外企高管再创业，创立赫为科技有限公司并成为企业的创始人、董事长，同时又是一名拥有千万粉丝的自媒体网络达人。我的成长经历，也许能给大家些许启发，特别是那些期许积极进取的人。

"逆势崛起，强势而为。"《强势》这本书中记录着我的成长点滴，走过的路，踩过的坑，知事、成事、有识，这些都需要"强势"。我将一路走来的艰辛历程分享给大家，也将我从事将近 20 年的销售历程总结下来的"专家级营销经验"分享给大家，还将我如何从一个完全的自媒体小白成长为一个千万粉丝的"赫为强哥"的心得体会分享给大家，知无不言，言无不尽，希望足够的营养能不负您的期待，不负您的赞誉。

什么是强？对于成功或者改变命运的强烈渴望，踏踏实实学本事的强劲奋斗，面对挑战时的强韧不屈，以及最终成为一个强大的人。

什么是"势"？是势在必行的勇气，势不可当的智慧，势如破竹的发展，以及渺小时借势、成长时顺势、强大时为他人造势的善良……它像是我们手中那把无形的利剑，赋予我们洞察时局的敏锐，引领我们乘风破浪，更在关键时刻，让我们有能力为他人撑起一片天空，传递温暖与希望。

这本书，是我对"强势"人生哲学的一次系统梳理与深情告白。我希望通过它，能够激发您内心深处那份对美好生活的向往，助力您在人生的每一个阶段都能勇敢地成长，强势地追求自己的梦想。

相信您会喜欢这本书，因为，我很喜欢。

邓富强

2024 年秋

目　录

强　势

第二部分

势

逆流而上：
我是家里最后一道防火墙

逆骨独行：
先开枪，后瞄准

逆光绽放：
人生中的第一单

第一部分

强

逆局打拼：
生存的智慧

逆风谋事：
我不是一个安分的人

逆境之思：
面子与价值

一无所有又怎么样

同样可以抓住

命运的稻草

逆流而上：
我是家里最后一道防火墙

从小我就是家里的希望。

我的乳名叫邓小红，这个名字颇具时代色彩，直到上幼儿园我才把这个名字改过来。当时我们班有两个叫"邓小红"的男孩子。老师一喊"邓小红"，椅子"当啷当啷"连着响两声，我们俩总是同时站起来，两个"邓小红"面面相觑，老师一脸尴尬，全班哄堂大笑。老师要母亲给我改个名字。母亲回家后想了想，跟父亲说："老欺负咱们家的那家人有两个儿子，一个叫邓吉富，一个叫邓吉强，咱儿子就叫邓富强吧。人家一筐萝卜抵不过我一个瓜！"

我这个瓜就这样种下了。

◇

回忆起小学的童年时光，夕阳的余晖总是如诗如画般洒在乡间小路上，我背着沉甸甸的书包，脚步匆匆地走在那条熟悉的小径上，这应该是一个美妙的童年，我却全然不觉得，因为我的心早已被待完成的家务填得满满当当。

每天放学回家，我都要忙于各种家务。有时，我需要放牛，牵着那头温顺的老牛，在田野上漫步，直到夕阳完全沉下去。有时，我要拿起镰刀，踏入草丛，割下一把把猪草……这些，都是家族沿袭下来的传统，孩子从小就需要为家庭分担力所能及的家务——想过上更好的日子，需要全家人共同奋斗，这是传承下来的责任。

如今回想起来，虽然那些乡村生活的场景在岁月的洗礼下似乎被赋予了浪漫主义色彩，但当时的我，内心是不情愿的。

那时候，农村的日子总是紧巴巴的，学校也简陋得只剩下四面墙，体育设施几乎可以说是"零"。然而，就在某一天，学校竟然破天荒地修了一个水泥乒乓球台。这份简陋的体育设施激活了我心中沉睡的体育之魂。即使是用木板拼凑而成的乒乓球拍，也能让我深深着迷。

一天放学后，我依然全身心沉浸在打乒乓球的欢乐中，打得酣畅淋漓之际，一道犀利的目光从门口射来，那熟悉的身影，那逼人的眼神，即便只是匆匆一瞥，也让我心跳瞬间加速，仿佛被雷击中一般。

"天呐，母亲大人驾到！"我瞬间从那小小的白色球的梦境中

　　　　　　　　　　　　　　　　　　　强　势

惊醒，没顾上和球友打招呼，更没有勇气走到母亲面前，我甩掉拍子，犹如脱缰的野马般冲出学校。一溜烟冲到家后，我直奔牛棚，提前为自己的"犯罪行为"做好"减刑准备"。

当错误已经无可挽回时，立刻补救是最好的出路。

等到母亲进门，准备对我进行"审判"时，我早已把牛牵出去吃草了。

放牛也不是做做样子的，我一直等到牛吃得饱饱的，肚子鼓鼓的，才牵着它回了家。母亲见状，知道我做事还算用心，就免了一顿责骂。

善于察言观色，或许是我的天赋，也或许是我在母亲的眼神下历练出来的。母亲很少骂我打我，而是喜欢用她那独特而犀利的眼神来与我沟通，而我也在这无声的交流中，学会了更多的人生智慧。

◇

在我的记忆中，这是母亲打我最狠的一次。

在我十岁那年的盛夏，我们偏远的村庄迎来了它的第一台黑白电视机。如今，孩子们或许对 50 英寸的智能电视都兴趣寥寥。但那时的我，却被那台小小的、方正的黑白电视机深深吸引。连象征着没电视信号的"雪花"，我都能看得出神。当然，最好看的还是当年万人空巷的电视剧《霍元甲》。

一天下午，我跟小伙伴一起到小溪去洗澡。当我们洗完澡回来，远远就听到村里传来那令人热血沸腾的歌声："万里长城永不倒，千里黄河水滔滔……"一小半是电视的原声，一大半是村里人略带跑调的歌声。我们撒开腿就往有电视机的那户人家跑，路上还不断有其他小伙伴加入我们的行列。

不出所料，电视机早已被大人和小孩围了个水泄不通。我费了九牛二虎之力才勉强挤进人群，看到电视机屏幕的一角。虽然只能看到一部分画面，但我已经心满意足。我全神贯注地盯着屏幕，生怕错过任何一个细节。

激烈的打斗场面和激昂的音乐让我完全沉醉在《霍元甲》的世界里，直到电视屏幕上出现雪花，周围的人群渐渐散去，我才发现已经是深夜12点了。

就在这时，我转过身来，惊讶地发现母亲就站在我身后，晚回家的羞愧还没来得及涌上心头，她只是用那双犀利的眼睛扫了我一眼，我就立刻从她的眼神中读出了责备和担忧。我心中一紧，仿佛被什么东西紧紧揪住了。

母亲并没有当众责骂我，而是转身回了家。母亲虽然严厉，但她总是懂得如何保护我的自尊。我默默地跟在她身后，内心既紧张又懊恼，暗自祈祷能躲过一劫，能偷偷溜到房间去睡觉。

估摸着母亲已经睡下了，我才慢腾腾地摸进门。但母亲没有睡，而是在我们家的小书房里等着我。这个小书房在村里是独一无二的，它承载了母亲对我们学业的重视，也承载着我们几个孩子"跳出农门"的希望。

前几年我将老宅翻新重修，站在老宅书房门口，我看见门上小时候自己用白色粉笔写下的"书房重地，闲人免入"，依然字迹清晰，心中五味杂陈。

母亲打开门，示意我进去。随后，她关上门，拿起一根细长的竹条，对我实施了人生第一次也是仅有的两次体罚之一。竹条狠狠地一下接一下地落在我身上。屋内是我的号啕声，屋外是姐姐们帮我求情的叫喊声，但母亲惩戒我的决心是那么坚定和无情。

惩戒了我，我哭了，母亲也哭了……她用她的方式告诉我，我承载着她的希望，看电视看到深夜、不回家、不学习，这些都是母亲绝对不允许的！这个瓜绝对不能长歪了！

但其实，当我为人父后才想明白，母亲最"恨"的不是那个贪玩看电视的我，而是不听她话偷偷到小溪洗澡，还"洗到失踪"的我。邻居们后来才告诉我，那天傍晚母亲为了找我，漫山遍野地喊了多久。尤其当别人告诉她，我去小溪里洗澡了后就找不着人了，那瞬间，坚强的母亲是真的被吓慌了神……

母亲的严格要求，为我提供了一个相对较高的起点。

◇

后来，我顺利考入了新邵县一中，这是我们当时县里唯一的省重点中学。考进这所学校，就相当于半只脚迈进了大学，也初步实现了母亲希望我"跳出农门"的愿望，母亲也在同村人中找回了久违的羡慕，无比自豪。

我是1985年上的初中，那是一个尚未普及九年义务教育的时代，教育仍需家庭的经济支持。由于我们村里并未设立初中，只有小学成绩出类拔萃的孩子，在家庭的支持下，才有机会考入县城的初中。前往县城求学，意味着每学期要支付大约一百元的学费和杂费，再加上寄宿和每周的伙食费，这对当时的我的家庭而言，无疑是一笔沉重的负担。

这笔钱或许现在看来微不足道，但在当时却是一笔不小的开支。要知道，那时城里的公务员一个月的工资也才三四十块钱，一斤猪肉还不到一块钱。一年花费几百元供一个初中生读书，对农村家庭来说是很大的负担。

我不知道母亲当时有没有算过这笔账，反正送孩子们读书这一战略规划，即便在我们家最困难的时候，也依然是不可撼动的！

初到县城，我深切地感受到了城乡间的差距，那种差距在当时的我眼中，简直可以用"天壤之别"来形容。小学时，我们的体育课设备简陋，只有一个皮球，没有球门，也没有篮筐，大家就围着那个球到处跑。然而，一进县一中，我就看见了一个宽阔的操场，篮球场、足球场和乒乓球台一应俱全。对于从小就爱运动的我来说，这简直如鱼入水，似鸟投林。

我立刻就放飞了自我。

◇

初一的第一个学期，由于我个子比较高，被安排在教室的最后一排。经常下课铃声还没响，我一只脚就迈到了教室门外，只等铃声一响便冲出去。冲出去干什么？赶紧抢占一个乒乓球台打球！再加上我是寄宿生，没有了母亲每天的耳提面命，我愈发不把学习放在心上。

小学阶段，我的成绩一直很好，我也自认为比较聪慧，学习对我来说不是难事。然而，随着时间的推移，我渐渐发现，班里比我聪明的同学不在少数。毕竟，能够考入县一中的都是各乡的佼佼者，都是经过层层选拔的尖子。在村里出类拔萃，并不意味着在县城也能同样优秀。这就好比各省的高考状元汇聚到全国顶尖学府之后，会发现身边的同学个个都是状元。

这种感觉，就像是从乡村的池塘跳进了大海，原本自诩为"大鱼"的我，在这里却发现自己只是一只"小虾"。

如果我能和大家一起努力，或许还有机会与这些优秀的同学们一较高下。但遗憾的是，在别人努力耕耘着知识的田野时，我却在打乒乓球。这就注定了我的失败。

期末考试，我考了班里的倒数第三名。

◇

成绩公布的那一刻，我瞥见了排名大榜上刺眼的倒数第三，心中犹如悬石落地，陷入一片混沌。我忐忑不安地等待着母亲的责骂，甚至是痛打。然而，什么都没发生，母亲一句话都没有说，只是默默地帮我收拾行李，带我回家。

母亲的身影在我前方，她背着一床厚重的棉被，拖着一个行李箱，步伐虽稳健，却带着几分沉重。我小心翼翼地跟在她身后，保持着约十米的距离，既不敢靠得太近，也不敢离得太远。一路上，母亲一言不发，偶尔传来的几声微不可闻的叹气声让我心如刀绞。

我既怕母亲的愤怒如风暴般袭来，又感到这沉默的冰冷让我更加难以承受。

那是我第一次深刻感受到让他人失望的滋味，尤其是让一直对我寄予厚望的母亲失望，这个残酷的现实让我无地自容。

在母亲失望的眼神笼罩下，那个年我都没有过好。夜深人静，我躺在床上，暗自下定决心：绝不能让母亲再为我失望！

从第二年开始，我奋发图强，勤奋刻苦，努力追赶，迎来了一个全新的自己。也许我确实有一定的天赋，一旦在学习上用心，成绩便有显著的提升。初一下学期的期末考试，我考到了班里的正数第三名。

当我把这个喜讯告诉母亲的时候，我在她眼中捕捉到了重燃的希望，仿佛听到她在心里默念："这个瓜总算没有长歪。"自那以后，我的成绩便稳定在班级前十。

孩子总会朝着父母期待的方向生长！正是母亲从小给予我的那份殷切的期望，成了我不断前行的动力。

◇

一个家庭中，母亲的角色至关重要。

一个强大的母亲，对孩子性格的塑造起着举足轻重的作用。如果家庭中父亲过于强势，而母亲表现得过于唯唯诺诺、谨小慎微，那么孩子常常只会学到一种粗暴的、徒有其表的强势，那样的强势不是真的有力量。然而，所谓母亲的强大，并非指母亲不贤惠、不温柔或不宽容，而是指她在家庭中具有足够的地位和话语权，能够坚定地为孩子指引方向。母亲的强大，也不体现在其对孩子的言语斥责或身体惩戒，而在于其通过眼神向孩子传递的坚定的态度。最好的母子关系或母女关系，并非多么亲密无间，而应是一种亲近而又不失敬畏的相处模式。母爱固然无私且伟大，但不应让孩子觉得这份爱是廉价或无底线的。

在我成长的道路上，母亲的影响最为深远。她以身作则，不仅教会了我很多人情世故，还培养了我坚强、善良、宽容和奋发向上的品质。

◇

"穷人的孩子早当家"，在我身上，这句话得到了生动的诠释。

记得我读初中的时候，有一年，我们家杀了一头猪，父亲和二叔打算把猪肉拉到县城去卖，换几张皱巴巴的钞票贴补家用。

但他们刚到县城，猪肉就被城管没收了。那时候，农民自家杀猪是要缴纳屠宰税①的，否则猪肉就不能卖。但父亲和二叔几年也不卖一次猪肉，居然忘记了缴纳屠宰税。这可是个大事，倘

———————

①20世纪80年代初，生猪购销逐渐放开，由食品站统一收购生猪进行屠宰、销售，并代扣代缴屠宰税。如果农民自己杀猪，需要主动到税务所缴纳屠宰税。2006年2月17日，国务院令第459号废止了《屠宰税暂行条例》，屠宰税正式退出了我国税制的舞台。

强　势

若能补缴税还好，但如果猪肉被没收就坏了，那些猪肉可以卖好几百块钱呢！

两个都没怎么进过县城的农民，能有什么办法呢？父亲想到了在县城读书的我——他在县城的唯一"关系"。虽然我只是个刚升入初中的十二岁孩子，但在那个陌生的环境中，甚至可以说，我是他的唯一"救星"。

父亲急匆匆地赶到学校，找到我，脸上写满了焦急与无助。他希望我能去和城管"理论理论"。年幼的我，心中却有一股初生牛犊不怕虎的劲头。肩负着"扛家"的责任，我连校服都没顾得上换，就去了城管部门。

一中作为当地最好的中学，还是颇具知名度的。城管看到穿着一中校服的我，可能觉得我"有前途"，孩子虽小，但将来定有出息。也可能觉得派了个孩子出马，这家的情况是真的很困难，于是，他们的态度也温和了许多。我展开了一番"慷慨陈词"，从父母的辛勤付出，到家庭的经济拮据，再到我的学费和伙食费问题，一一道来。我还特别强调，父亲是因为不知情才没缴税，并保证以后绝不再犯。

幸运的是，我们碰到了好人。城管不仅把没收的猪肉和工具都还给了我们，也没有罚款。这件事对父亲的触动特别大，他虽然嘴上没说，但我看得出来，他满脸的欣慰，"儿子长大了，可以扛家了，做父母的遇到事了，孩子是可以靠得住的"。

这件事也让我深刻体会到，父母赋予孩子的责任，其实是一种宝贵的财富。它让孩子更早地学会独立、学会担当，有利于孩子的成熟和成长。而有些父母总把"你还是个孩子"挂在嘴边，总是过分溺爱孩子，舍不得让他们吃一点儿苦、受一点儿累，这样的教育方式，其实并不利于孩子的长远发展。

在我上学的时候，我的学校旁边不远就是资江（湖南的四水之一），学生们上学就要过江，那时候还没修桥，江面上靠谱的交通工具是机帆船，但机帆船到点就停摆，而附近的农民就开始了他们的副业：用自家的小船接送学生过河。我记得端午节前后，资江水泛滥，我和一群同龄的孩子挤在一艘破船上，跨越波涛汹涌的资江。一叶轻舟，漂洋过江，其实只要有一个大浪过来，随时可以掀翻我们这艘小船……不仅贫穷限制了我们的想象，无知甚至也限制了我们对大自然的敬畏。

感谢命运之神的眷顾，我们这些能活到现在的都是幸运儿。

◇

幸福的童年治愈一生，不幸福的童年用一生治愈，我的童年是否幸福不得而知，我其实是在一个充满激烈竞争的环境中成长起来的。

强 势

我们家在当地不算大户，亲戚不多，父亲的兄弟们之间也不太团结。然而，我的父亲和母亲都是很能干的人。在我很小的时候，我们家就盖了新房，那是村里第一座红砖房，在一众土砖房里显得格外醒目。母亲曾经还当过代课老师，学历相当于初中毕业，相较于其他农村妇女，知识水平和个人素质较高。母亲坚信，只有读书才能改变命运，因此竭尽全力也要供四个孩子上学，而且无论男孩女孩都要上学，还要好好学。

然而，在村里，我们家并不受待见。村里有些人嫉妒我们家的新房子，还有人嫉妒我们家的孩子都能去上学，学习成绩还都不错。他们会在背后说三道四，甚至故意找碴儿。

小时候的我并不太理解，为什么和其他人不一样就会被排挤。随着年岁的增长，我逐渐明白，人类社会是一个复杂的群体，每个人都有自己的价值观。当我们表现出与众不同的一面时，那些与我们价值观不符的人往往会感到不安和威胁，进而产生排斥和攻击的行为。

从古至今，这样的规律从未改变，底层的人互相碾压，中层的人互相竞争，而高层的人彼此成就（底层、中层、高层在这里指认知差异和觉悟高低的差异）。简而言之，分别是"你死我死""你死我活""你活我活"。

我们无法改变这样的规律，但可以改变自己的心和自己的境遇，唯有努力向上，才能看到更广阔的世界。

在村里，我们家遭到了一些邻里的排挤，甚至是打压。父亲又是一个不服软的人，觉得"你跟我干我就干"。在我读初中的三年里，我们家每年都卷入官司之中。由于没钱请律师，撰写法律文件、出庭应诉等重任都落在了我的肩上。我想我之所以现在文笔和口才都不错，就是因为从那时起就开始锻炼，被迫迅速成长。

不怕吗？说实话，内心肯定是胆怯的，但我必须假装不怕。因为我深知自己是家里的最后一道防火墙。我别无选择，只能往前冲！

我必须强！

初中毕业，我没能如愿考上中专。

现在可能有人觉得上中专属于被"分流"，意味着要学门技术，早早地进入社会谋生。然而，在 20 世纪 80 年代，进入中专却是众多学子的梦想。它不仅代表着能够转为城市户口，吃"国家粮"享受医疗保障，更象征着毕业后能有一份稳定的工作。那时候中专的录取门槛极高，通常只有班级的前两名才有机会踏入这扇大门。而我，成绩一直徘徊在班级的五到十名之

强 势

间，想要突破重围，就必须付出更多的努力。

那个时候，母亲展现出了极强的魄力和远见，她多次联系班主任和任课老师了解我的学习情况，还从本就不多的生活费中挤出钱来给我报了辅导班，竭尽所能地为我提供更好的学习条件。母亲还展现了一个农村妇女的"狡黠"，她试图帮我走后门来获得一个考中专的名额（当然，这种狡黠肯定是失败了）。遗憾的是，我最终没能考上中专，而是被我们县一中高中部的重点班录取。

我深感愧疚，觉得自己辜负了父母和老师的期望，错过了那个"跃龙门"的绝佳机会。然而，当我历经磨砺，读完高中，考上大学，开始漫长的社会打拼旅途之时，再回首往事，我意识到一切都是最好的安排：与其纠结于错过的机遇，不如专注于当下，付出当时当刻能付出的全部努力，无愧于心。

正如古人所言，"失之东隅，收之桑榆"，谁又能预知"跃龙门"的机会究竟在何方呢？

◇

潜龙在渊。

在我高三那年，家庭遭遇了重大变故。父亲被诊断出患了癌症。当时，我大姐刚刚大学毕业参加工作，二姐和我一样正在备战高考，小妹则还在读小学。家庭的顶梁柱轰然倒下，母亲用她柔弱的肩膀扛起了整个家。

面对父亲的医疗费用和我们三个孩子的学费，母亲展现出了超乎常人的坚韧和毅力。她不仅包揽了家里所有的农活，还承包了村里的橘子园。父亲住院治疗期间，正值橘子园的果子成熟。母亲在照顾父亲的同时，还要顾及橘子园的收成。那段日子里，她疲于奔波，甚至有一个星期没进米饭，饿了，就从树上摘个橘子充饥。即便是体能和精神上的双重压力，也未能压垮她那瘦弱的身躯。

这简直是一个奇迹！

父亲的手术费要一万多块钱，这对于当时的农村家庭来说，简直是一个天文数字。为了筹集这笔费用，母亲到处借钱，却屡屡碰壁。最后还是我大姐向单位借了一笔钱，才凑够父亲的手术费。

我高考后才得知父亲患癌的消息，父亲故意对我隐瞒了病情，他不希望我因为他的病情而分心，影响学习。在与病魔抗争了三年后，父亲还是带着遗憾离开了我们，家庭也陷入了前所未有的低谷。

父亲离世的时候，我已经是大二的学生了。父亲离世后，村里的一些人抱着看笑话的心态，觉得我们家里没有了主心骨，这个家必定会垮掉。甚至有人认为我们会因为没钱干脆不给父亲办后事。那些议论像针一样扎进母亲的心头，但她没有退缩，没有流泪。这是为父亲送行的最后时刻，她必须坚强。

母亲带着我们四个孩子准备好了所有后事所需，只是令我们没想到的是，父亲出殡那天，竟无一人来帮忙。吃席的时候那些人都来了，吃完饭一个个都跑了。那些曾经熟悉的面孔，此刻却选择了冷漠与回避。这意味着，父亲出殡，连帮忙抬棺的人都没有，按照我们当地的传统习俗，这是非常不吉利的。母亲根本没料到他们会如此绝情，在关键时刻，她去找了一个非常仗义的人帮忙。那个人从邻村紧急召集了十几个人过来，这才把父亲送上山安葬。也因为此，我们全家都对他感激不尽，至今仍把他视为恩人。

我们埋怨这个世界的冷漠和黑暗，但是总会有那么一束光，在关键的时候照亮你的心房。

其实，这并不是村里人第一次这样对待我们家。

我们村有个传统，就是谁家孩子考上大学了，会收到全村的热烈祝贺，村里会送个礼、放场电影，那是对知识的尊重和对未来的期许。然而，在我收到大学录取通知书的那一刻，村里却异常地安静，没有礼物，没有电影。

母亲是个坚强而自尊的女人，她不想让我因此感到失落。为了争一口气，她决定杀猪办酒席，邀请全村的人来共同庆祝。她特意去找村干部，希望他们能至少放个鞭炮，赏个脸来吃酒席，给我们家撑撑场面。但母亲高高兴兴地准备了几桌酒席，却发现无人赴约。幸好我早有准备，提前通知了老师和同学，才让酒席座无虚席，化解了尴尬的局面。

多年后村里修路要募资时，村干部主动找到我募捐。他们一行三四人来北京找我们，母亲特意叮嘱我要热情招待他们，她说："每个人都有自己的立场和选择，我们不能强求别人按照我们的期望行事。无论过去他们如何对我们，我们都要以礼相待，宽容和大度是我们自己的选择。"

但谈到捐钱时，母亲带着些许调侃说道："当初你们看不起我儿子，现在反倒是他捐的钱最多，最愿意帮助村里。"这一直是母亲的一个"梗"。玩笑背后，透着她扬眉吐气的成就感。母亲的气度和包容，也是让我佩服的。

◇

为了给父亲治病，我们家负债最多的时候，欠款多达两万多块。在那个普通公务员月工资只有三四百元的年代，两万多块钱的债务对我们家来说无疑是个沉重的负担。但是，母亲是个"狠人"。她说："我绝不把债务留给我的孩子，我自己把它还掉。"

强 势

她连续十年承包橘子园，辛勤劳作，不知疲倦。甚至在我大学毕业后两三年里，她依然坚守在橘子园。除此之外，她还种了十几亩地，养了猪，竭尽所能地增加收入。在湖南邵阳的那个小山村里，母亲用她那瘦小的身躯、坚定的意志、勤劳的双手以及超凡的远见将四个孩子培养成了大学生。

我的母亲在我们老家就是一个传奇！

❖

自我考上大学后，家里的经济状况开始慢慢好转。我读的是师范大学，不仅不收学费，还每月发三四十块钱的饭票，这极大地减轻了家里的经济负担。到了大二，我开始尝试做些小生意，基本上实现了经济独立。参加工作之后，我不仅承担起了妹妹上学的所有开销，还分担了一部分家庭日常开支。

我清楚地记得，参加工作第一个月，我的工资是三百八十五块钱，我留了个零头，把其余的三百块钱全部寄给了母亲。那是我第一次给母亲寄钱，为了这份心意，我整整一个月没有吃早餐。每天，我只花一块多钱买三块豆腐，中餐和晚餐就吃红烧豆腐配米饭，但我却觉得无比满足和自豪，我能给家里挣钱了，我能扛家了。这是一份责任，也是一份荣誉。

这一切，都得益于父母的远见卓识。他们倾其所有、竭其所能供孩子们读书，即使是在家里极其困难的时候，母亲也从未动过让我们辍学的念头。

对一个能感受到由家庭带来的爱的孩子来说，背负家庭责任不觉沉重，反觉幸运。

◇

孩儿立志出乡关，学不成名誓不还。

高中时期，我心中只有一个念头——我必须变得更强，必须成功，必须考上大学，走出去。而这，也是父母对我一直的期望。他们的想法很简单：考上大学，人生就多了无限的选择，就能够展翅高飞了。

"考上大学"这四个字，承载着我们对未来无限美好生活的憧憬，即使当时我们没有一个人知道大学究竟是什么样子的。

当我历经**磨砺**

再回首往事

我意识到一切都是**最好**的安排

与其纠结于错过的**机遇**

付出的

能

全部努力

无愧于心

内耗？
没空！

人活一场
来都来了

逆骨独行：
先开枪，后瞄准

大学，翻开了我人生里程碑式的一页。

离开邵阳，来到湘潭，视野所及又是一个新世界。百货大楼前繁忙的展销会，打扮时髦的行人，错落有致的高楼，人声鼎沸的市场……这一切都与我记忆中的小溪、田野和乒乓球台截然不同。那时我方知，新邵县城的狭小天地外，还有更广阔的世界等待我去探索。

母亲常说："人不出门身不贵，火不烧山地不肥。"她总是觉得人要有出门闯的意识，要敢想敢干。在这之前，我的理想仅仅是大学毕业后到县城当一名老师；但现在，我的志向已经发生了改变——我要在"长株潭"（长沙、株洲、湘潭）这样的大城市扎根，我要留在这些大地方发展！

但这并不容易。

我很快就意识到，城市和乡村培养出的孩子是截然不同的。城乡孩子在知识储备和综合能力上存在显著的差距，特别是在演讲、跳舞、唱歌这些艺术领域，城里的孩子们仿佛是天生的"明星"，而我在他们面前则显得如此稚嫩和生涩。

但我并不怕。我的学习能力比较强，学习对我来说并不困难，既是乐趣也是挑战。我从不死记硬背，而是喜欢全身心地投入，让知识在脑海中自然流淌。所以，我的成绩一直不错，从来没有挂过科。学习之外，我还把一些精力投入个人成长上。虽然当时我并没有什么明确的目标，但可能就是骨子里那股敢于尝试、不服输的力量驱使着我不断前行。

我印象特别深刻的是一次学校的文艺汇演。我，一个来自乡村、从来没学过跳舞的孩子，与女主角共同演绎了那首当时红遍大江南北的《纤夫的爱》，并获得了一等奖。

我清晰地记得，站在舞台上，我的心跳如鼓点般急促。每一步的挪动，我都害怕踩到女主角的脚，但为了舞台效果，我不敢低头看，只能时不时偷瞄一下。每一次转身和跳跃，我都小心翼翼，生怕出现任何差错。同时，我还得努力做表情管理，尽管内心紧张得要命，我还是强行牵出一个微笑，想要让每一个观众都能感受到我们表演的热情和真诚。

紧张的表演氛围将我紧紧包裹，不过，要是有人问我怕不怕出丑，那肯定是不怕！

什么是一个成熟的成年人？就是内心很慌，外表很稳；内心越慌，外表越稳。因为你永远不知道都有哪些人正在关注你。哪怕装，也不能让人失望。

最怕的就是，你内心很慌，外表更慌。对家人来说，你慌了，他们就担心了；对朋友或合作伙伴来说，你慌了，他们也慌了，要琢磨退路了；对追随者或下属来说，你慌了，他们就忐忑了，甚至想跑路了；而对于某些合不来、伺机钻空子的人来说，你慌了，他们就笑了，然后就行动了。

◇

在另一次学校组织的演讲比赛中，我再次挑战了自己。

学校组织演讲比赛时，我立即就举起了手。虽然那时候我连普通话都说不标准，更不知道什么是演讲，但我就敢上台。

上台后，我才发现原来站在台上是这样一种感觉，原来面对几百人演讲和平时讲话的逻辑是不一样的！

当我站在台上，面对着几百双眼睛时，我才真正体会到了那种前所未有的"被关注"。我的大脑仿佛短路了，紧张到语无伦次；我的大脑又仿佛断路了，我甚至不记得自己是怎么开始的，说了些什么，只是感觉衣服都湿透了。尽管如此，我还是坚持了下来，演讲结束后，我好像听到了掌声，即使我的脑子还是混沌的。

为什么我敢于尝试？天生敢为最大的动因可能源于我没有任何依靠，只能依靠自己。光脚的不怕穿鞋的。来都来了，为什么不上？上了就赚了（一次机会），上了就是一种收获！从骨子里，我也觉得不能辜负母亲对我的期望，我必须变得更加优秀，捍卫自己的荣誉。我不想再看到母亲失望的眼神，我想让家人一想到我就有满满的自豪感与安全感。所以，只要有机会我就会抓住，上了再说。

先开枪，后瞄准。行动力永远是最重要的一种能力！

◇

大二那年，我开始做生意。

我到株洲服装批发市场进了一批女士呢子裙，拿到女生宿舍去卖。为什么会选择卖女装？答案就藏在"女生宿舍"。在还不流行线上购物的时代，女装这一领域最明显的优势是竞争对手少，几乎什么小日用品都能在学校里买到，但想要买衣服，还是要出门逛街才能买到。而且通常来讲，男生是不能进女生宿舍的，但我想办法说服了女生宿舍的宿管，走进了这片"男生止步"的蓝海市场，抢占了市场先机。当然，这种方法在如今的大学校园大概率行不通了。

此外，我发现，男生向女生推销东西往往更容易取得成功。对于那些平时羞涩难言的男孩而言，这次推销裙子竟成了他们表达真诚的绝佳时机。他们可以在自然而然的对话中，向心仪的女孩倾吐那些平时"难以启齿"的赞美："你笑起来真好看，这条裙子就像为你量身定做的一样。"这样的言语，如同春风拂面，让女孩们心花怒放，也让我们的生意更加兴隆。

如今看来，我也算提前几十年就发现"情绪价值"的商机了。大部分女生可能本就不好意思拒绝，再来些"你这么漂亮""这条裙子很适合你"之类的赞美之词，把情绪价值拉满，那生意就更好做了。

此外，我还有一项隐性福利。有时候，裙子会剩下一些库存，但我不觉得这是负担。我会精心挑选几条，寄给在老家的两个姐姐。她们收到后总是特别开心，因为这些裙子都是"长株潭"的流行款，在县城里很难买到。看着她们喜欢，我心里也暖洋洋的。爱人，首先爱家人！在所有的关系中，亲人关系永远是最重要的。修身齐家治国平天下，修身齐家是绝大部分人一辈子的任务和责任。

虽然每条裙子的利润颇为可观，大概每条能赚到八到十块钱，但实际上我自己并没有赚到多少钱。因为我们是几个同学合伙经营，可能今天赚了一百块钱，大家一起去校外的小餐馆吃顿饭就花光了。秉持着"经常庆功，就能成功"的心态，我们几个"合伙人"常常会因为一次小小的成功而兴奋不已，然后一起庆祝。虽然钱花得很快，但那份纯真的快乐和深厚的友谊，却是任何金钱都换不来的。而这种敢于分享，乐于分享，有福同享，有难我当的乐观主义精神，也成了我后期创业组建团队的思想萌芽。

现在回想起来，那段日子真的很有趣。没有太多的浮夸和做作，只有真实的努力和真诚的交流。

◇

但严格来说，我第一次做生意是在大一的时候。

当时，当家教是我们师范类学生通用的赚钱门路，但一般是大三大四的学长学姐们才可以当家教，大一新生没有这个资格。思来想去我瞄上了街边擦皮鞋的生意，这是个几乎零成本的小买卖。

但当我对我的两个同学提出这个想法的时候，他们都惊愕地瞪大眼睛："咱们大学生去给人擦鞋？那面子往哪儿搁？"但我内心却异常坚定，我坚信，大学生要深入生活，体验百态，不能不食人间烟火。大学生放下身段去擦皮鞋，不是"屈尊纡贵"，而是感受"来自生活的教育"。在我看来，这样的实践显然更有"社会实践"的意义。

经过我的一番解释，他们愿意跟我一起去试试。周末的午后，我们挂着自制的"大学生为您擦皮鞋"横幅，赫然出现在了街头。但不得不说，当时，大学生的社会地位挺高的，大家对大学生都很尊重。因此，当人们看到大学生在街边擦皮鞋时，这种强烈的反差立刻吸引了众多顾客。虽然我们几个人之前都没有擦过皮鞋，只是提前到专业的擦鞋摊点那里"偷师学艺"了一次，但是我们架势拿得很足，装模作样之下，手法竟也显得颇为到位，看起来特别专业。擦鞋的时候，我们还会陪顾客聊几句，让他们知道我们真是大学生，擦皮鞋是在进行社会实践。顾客都竖起大拇指，称赞我们懂事、有勇气，"要是我的孩子能这么懂事就好了"。擦一双鞋一块钱，但很多顾客会慷慨地给我们五块、十块，一个下午我们就挣了两百多块钱，直到城管的到来给这场创业画上了句号。

我还承包过学校的舞厅。那时候，交谊舞风靡校园，我灵机一动，与校方协商，把夜晚的食堂改造成舞厅。

白天，大家在食堂用餐，而夜幕降临，桌椅归位，地板被擦拭得一尘不染，旋转球轻轻一转，音乐便从那个简陋的喇叭中流淌而出。虽不及现代音响的震撼，却足以和曼妙的舞姿同频。

在那个简朴的空间里，我们与朋友共舞，享受着青春最纯粹的快乐。幸福，从不在于环境奢华与否，而在于心灵的贴近与共鸣。一场舞会下来，我们便能鼓囊囊地收获一百多块钱。

听起来，似乎我不管做什么生意都能赚钱。其实是我当时的家境迫使我不得不提前独立，也许是骨子里的创业基因，也许是飘在眼角的那一份虚荣，大学期间的这份挣钱经历，倒成了我提前走向社会的重要预演。

没有人会随随便便成功，只是有人更加努力地提前准备罢了。

我成长于一个条件普通的家庭，但我并不吝啬，甚至还是敢花钱的那种人。这得益于母亲那朴素而深刻的教诲：家境虽不富裕，但心志不可贫瘠。她常言："人穷志不短！"贫穷不应成为生活的枷锁，更不应成为人格矮化的理由。在母亲的影响下，我学会了在关键时刻要慷慨大方。

吝啬于正当的给予，长此以往，便是自我设限，难有出头之日。

母亲从不在我们面前念叨她有多辛苦，说什么我们的生活费是她从牙缝里省出来的，让我们长大要报答她之类的话，她知道，这样很容易滋生孩子的"不配得感"，让人在享受生活时心怀愧疚，觉得自己不配过好日子。

这是母亲教给我的财富智慧，节省并不意味着要苛待自己，赚钱是为了在能力范围内给予自己和家人最好的，同时也不忘回馈社会，让这份幸福得以延续和扩大。

要知道，赚钱是第一课，分钱是第二课，很多聪明人不是学不会第一课，而是栽在第二课上。在这个世界上，没有谁对你的帮助是理所应当的，每一份帮助都值得感恩，哪怕对施助者而言，那只是举手之劳。选择感恩，你的世界才会更加宽广，机会也会接踵而至。

◇

莫言在《生死疲劳》中写道："积财积仇，散财积福，及时行乐，花天酒地，财尽福至，莫要执迷啊！"我深以为然。

心存善念，心系他人，终究苍天不负。这些宝贵的经历不仅丰富了我的大学生活，也锻炼了我的各项能力，更磨炼了我的心性。我想，后来我之所以有勇气"弃教从商"，甚至敢于创立"赫为"，可能就源于大学时期的这些经历。

◇

有人曾问我，在大学期间不断地尝试做生意和社交，除了挣钱，是否还想通过这些尝试找到一条能使我留在"长株潭"的路。

其实，我当时并没有那么多长远的规划和愿景。

普通家庭的孩子通常不存在所谓的职业规划。对我们来说，生存就是最好的职业规划，如果说还有更高的追求，那就是体面的生存。当时，我们家债台高筑，父亲还在医院治疗，我内心最大的诉求就是想办法多赚一点儿钱，帮母亲减轻一点儿负担。

对我们来说，路是走出来的，而非规划出来的。没有高人指路，没有贵人相助，没有选择余地，无非就是凭借着对生存的渴望与过好日子的追求，一步步前行。

当机会来临时，我必须抓住。但其实，很多时候我们压根无法分辨机会。机会不是金光闪闪地隆重登场，而常是低调朴素地与我们不期而遇。所以，我只能专注于当下，全心全意地做好手头的每一件事。

就这样一步一个脚印地走着，那些曾经遥不可及的景色也逐渐清晰起来。

在商海浮沉中，我时而西装革履，扮演老板的角色运筹帷幄；时而脱下伪装，直面生活的艰辛与挑战。那时的社会治安不像现在这么好，初入社会的我遇到过不少骗子，有时甚至会跟别人发生冲突，但我从来没怕过。正如余华所言："当我们凶狠地对待这个世界时，这个世界突然变得温文尔雅了。"我想，能成事的人，身上都带有一种"匪气"，正是这种不屈不挠的

　　　　　　　　　　　　　　　强　势

"匪气"让我在逆境中不断成长直至破茧成蝶。

◇

只要心中有梦，脚下就能有路。

我在大学期间实现了人生中的一个重大转变：从一个懵懂单纯的农村孩子，成长为一个成熟稳重的社会青年。

当轰轰烈烈的大学生活落下帷幕，我带着毕业证和欠下的八百元债务，开启了人生下一个阶段……

什么是一个

成熟 的大人

就是

内心很 慌 外表很 稳

内心越 慌 外表越 稳

哪怕装，也不能让人失望

生存 就是最好的

职业规划

如果说还有 更高 **的** 要求

那就是体面的 生活

就这样一步一个 **脚印** 地走着

起清来晰 那些曾经遥不可及的景色也逐渐

人生中总有几个
跃跃欲试的时刻

你忍心坐下吗

逆风谋事：
我不是一个安分的人

大学毕业之后，我如愿留在湘潭，成为一名教师。当时的我，心中满载着收获的喜悦与自我实现的甘甜。我通过自己的努力，实现了中学时代的理想，也达成了母亲一直以来的期望。但是，仅仅两年后我就离职"下海"，说走就走，弃教从商。

这又是我人生中一个重大的转折点。

选择辞职，放弃体制内的"铁饭碗"工作，违背当初母亲送我上大学"跳出农门"找一份稳定工作的初心，现在回忆起来，我依然是心有余悸。年轻真好，可以冲动，虽然这份冲动给我带来了所谓的成功，但当时这个懵懂的冲动，依然足够震撼我的朋友圈。"风萧萧兮易水寒，壮士一去兮不复还。"尽管如此，我仍深信，人生就是一个过程，而这个过程应该精彩纷呈，因为最终我们都会走向同一个结局。"人生就是大闹一场，然后悄然离去。"金庸先生的这句话深深触动了我。

离职，或许有一时的冲动，但更多的是对美好未来的向往。我深知，我渴望的并不是风平浪静的安逸，而是波澜壮阔的征途。

在我心里种下"下海"这颗种子的，是我的一个初中同学。他家境殷实，上中学时并不怎么努力，勉强混过了初中和高中，后来靠着家里的关系上了一所自费大学。到了大学之后，听说他开始努力，积极参与各类活动，各方面能力得到了很大的提升。大学毕业之后，他被分配到了长沙的一所中专学校当老师。

也许我们的重逢是命运的巧妙安排，当我们再次建立联系时，他已经"下海"了。他告诉我："我去学校报到的第二天就离职了。"一眼能看到头的生活他一天也过不下去，这种强大的行动力震撼了我。

为者常成，行者常至。

我们再次见面时，他手拿大哥大，腰挂 BP 机，要知道当时一台大哥大要一万多块，一台 BP 机也要一两千。他见到我很热情，邀请我到长沙的一家五星级大酒店吃饭。我记得很清楚，那顿饭花了他六百多块，相当于我当时两个月的工资。席间，他电话不断，业务繁忙的样子让我感受到了他"下海"后的成功。

强　势

这一通操作把我砸晕了，最直观的感觉是"下海"太好，太赚钱了。虽然他"下海"才半年多，也只是在一家卖电脑的私企做销售员，但他的变化却是翻天覆地的。

当然，对我冲击最大的是他整个人的形象气质。他变得知性而充满活力，谈吐、举止都自信满满，透露出高度的社会化。士别三日，当刮目相看，用在他身上再恰当不过。

晚上，我跟着他来到他租的房子里，我们边喝啤酒边聊天。他鼓励我："富强，你这么有能力，这么聪明，不能就这么在一个小圈子里打转。虽然当老师挺稳定的，但你有没有想过，'下海'会让你看到更广阔的天地，取得更大的成就。你看我现在，你要是'下海'，肯定比我更成功。"

如果说我这一辈子遇到的贵人，现在想来，他算一个。

◇

好不容易才走出那个贫瘠的小山村，有了一份稳定的工作，成为受人尊敬的老师。离职"下海"？恐怕"天理难容"。光是母亲那一关，我就过不去。在母亲心中，辞掉"铁饭碗"去当"打工仔"，这么多年的书岂不是白读了？万一我没有他那么幸运，或者我对"下海"这件事的判断出现失误，后果我承担得起吗？

然而被点燃的激情加上一颗敢闯敢干的心，我再也按捺不住，辗转数日后，我开启了人生重要的转折——弃教从商。

偶然中的必然，也是必然中的偶然。人若能有点儿"恰到好处的虚荣"，也未尝不是件好事。当你看到那些原本平凡的人怀抱非凡的梦想，并最终取得显著成就时，这种力量会像一颗种子，深深植入你的内心，融入你的骨血，敦促你奋勇前行。人要有一点儿"虚荣心"，让梦想更大一点儿，毕竟一个人的成就往往难以超越他的梦想。

"下海"的种子已经萌芽，我需要等待一个机会。

◇

冥冥之中自有安排。

一次偶然的机会，我陪朋友去长沙面试，他要面试的是湖南本地一家专做中央空调的企业。朋友建议说："来都来了，你要不也面试一下吧。"当时我并没有带简历，也没做任何准备。他就说："那你就现场手写一份简历。"我抱着好玩的心态，随手写了一份简历递交了上去。

然后我在传达室优哉游哉地等着朋友，突然保安大叔喊了一嗓子："邓富强！你是邓富强吗？"在得到肯定回答后，他告诉我："刚才就通知你去参加复试，你怎么还在这里？"虽然压根没搞清楚怎么回事，但我还是立刻跑过去参加复试。

机遇总偏爱有准备的人。大学时，我曾连续三届在教师技能竞赛中夺冠，而书法便是其中一项比赛内容。或许是因为我的字写得较好，或许是我这种无欲则刚的轻松心态，又或许是其他什么原因，我朋友没有通过初试，而我却意外地通过了。

很多事情的发展往往都出人意料。

复试的面试官是这家公司北京办事处的经理，他表示他们要定点招一些员工去北京工作。我当时并未太在意，只是想着一会儿能不能赶上回湘潭的末班车。

复试后还有一场笔试，主要考查逻辑思维能力，要求一个半小时之内完成。我按照自己的想法，嗖嗖地，半个小时就答完并交了试卷，毕竟，要是写慢了，可就赶不上末班车了！

◇

几天后，我接到了这家公司的录用电话，竟是北京办事处的经理亲自打来的，充满磁性的声音传来："邓富强，你复试成绩最高，欢迎加入！"我愣在原地，心中五味杂陈，惊喜、意外、忐忑交织成一张复杂的情绪网。回想起那场笔试，我不禁哑然失笑，原来机遇真的会自己找上门来。

无心插柳，无欲则刚。

莫名其妙成了一名北漂，一个全新的世界在向我招手。第一次来北京，第一份工作的地点竟然在国贸！在我的想象中，这是一个精英云集的高端写字楼，我将拥有一份非常体面的工作。虽然后来离开这家公司时稍有不快，但无论如何，我依然感恩它，是它给了下海后的我第一份工作，是它让我进入一个新的行业，它给了我新的人生起点。

◇

其实之前当老师并没有给我带来强烈的成就感。我这种不甘居于人下的性格，让我在哪个领域都渴望成为核心，出类拔萃。尽管我的教学很受学生喜欢，我也是学校领导班子里最年轻的成员，但实际上，我总感觉自己在同事中被排挤或者被边缘化了。

有一次单位聚餐结束后，突然下雨了，出于对女性和长辈的尊重，我赶紧拿出备好的伞给政教处主任撑上。她是一位快退休的女老师。但当时有个老师看到这一幕后，嘲讽我说："邓老师，你干脆做她干儿子吧！"其他老师也连声附和，我臊得满脸通红，恨不得立刻找个地缝钻进去，但表面上我还是努力保持镇定，一边撑伞，一边在心里安慰自己："智者善屈尊。"

不过，我还是觉得我不能继续在这种环境里工作，我不能再继续跟这种人共事。尽管表面上看，我离职"下海"是一时冲

动，但实际上，我是经过深思熟虑的，我不是一个冒冒失失做
决定的人。

◇

既然做出了决定，我就会勇往直前，任凭前路风雨交加，亦不
改初衷、决不退缩。

我很快向单位提交了离职报告。但校长却把它压了下来，他劝
我："你也是从农村考出来的，好不容易端上'铁饭碗'，不
能这么冲动，说离职就离职。你可以先考虑办停薪留职。要是
你直接离职，这个工作就没了，将来连个后路都没有。你不要
以为外面的钱那么好赚！"那时候，确实很多机关单位人员、
教师等如果想要"下海"闯荡，会先选择办理停薪留职，也算
是给自己留了一条退路。不过近些年，各事业单位已经不再办
理停薪留职了。

校长给我做了很多思想工作，但我仍坚定地表示："不，我必
须离职，如果我给自己留退路，就无法全力以赴。我一定要去
北京！"

风萧萧兮易水寒，壮士一去兮不复还。

◇

决定是够大，胆子也够大，但是还有一个问题没有解决——我

怎么跟母亲说呢？我又想起了当年考倒数第三时母亲失望的眼神。如果我跟她说，我离职了，我要去北京打工，她可能会更失望。我只能先瞒着她。我跟母亲说，我被调到了北京工作。母亲听后觉得特别骄傲，因为北京一直是她向往的地方，她觉得儿子能够去北京工作特别有出息，特别了不起。

一切尘埃落定，我的内心却隐隐感到一丝忐忑。未来的不可控因素实在太多了。但既然已经做了选择，我便再无退路。

选择了远航，就只能拼命划桨。

1998 年春节一过，我便踏上了"北漂"的旅程。

我渴望的并不是风平浪静的安逸，而是灿烂芬芳的征途

为者常成

行者常至

无心插柳

无欲则刚

选择了远航，就只能

拼命划桨

有一种勇敢是

成为务实的
理想主义者

逆局打拼：
生存的智慧

每一个所谓的"牛哄哄"背后，都曾经有个"苦哈哈"的开始。

1998 年的北京，是我当时见过最大的天地。当我拎着大包小包走出北京西站，来到国贸中心，恍惚间我有种实现了底层逆袭的感觉。即使那时的国贸中心并未如现今这般高楼林立、车水马龙，只有一期的四栋楼和尚未完工的二期建筑工地，但这足以让我这个最远只去过江西省的"小城青年"感受到国际化大都市的魅力。

理想很丰满，现实却很骨感。

陌生的城市，陌生的行业，陌生的人群，我的内心突然涌起一种不踏实、不自信的惶恐。而我还没来得及细品这种惶恐，各种困境就接踵而来。

◆

收入变动是最明显的困境。公司在面试时约定的工资是一个月1200元，但实际上见习期每个月只有600元。知道消息的那一刻，感觉巨大的压力瞬间笼罩了我，让我无处可逃。

自大学毕业以后，我就负担起妹妹的学费、生活费，以及一部分家庭开支。虽然当老师时的工资收入也不是很高，一个月只有300多元，但我还有一些副业收入，加在一起每月的总收入能到2000元左右，所以基本上没有太大的经济压力。

而眼下一个月只有600元收入，能不能解决我在北京的生存问题都要打个问号，更别提如何养家了。

另一个潜在的困境则是，自己究竟能不能在北京站稳脚跟，这也是个未知数。与我同一批加入公司的有66个人，但只有7个人有机会来北京，而来到北京的这7个人，谁也不知道最后能留下几个，反正几乎每个星期都会淘汰掉1个，而被淘汰的那个人只能灰溜溜地打包回老家。这种淘汰机制，如同悬在头顶的达摩克利斯之剑，让人不敢有丝毫懈怠。每次有人默默收拾行囊，都像是在提醒我：竞争，残酷而真实。

身后是被自己彻底斩断的退路，身上是仅有的一万元存款和沉重的负担。虽然不知道怎样才能留下，但每当夜深人静，我心底总有一个声音在回响："北京，我要留下！"只有我知道，其实这份执念，已经无关名利，只因内心深处那份对更好生活的渴望，对自我极限的挑战和深入骨髓的向上思维。北京肯定比长沙、湘潭要强得多！既然强得多，就要闯一闯，就要在北京，就要留下来！

◇

当然，我也有自己的小心思。如果我再回去当老师，那就太丢人了！我不想听到人家说："你看邓老师当初牛哄哄地'下海'，搞不下去了，又回来了。"颜面何存？！

作家王小波说："生活就是个缓慢受锤的过程。"成年人的世界，谁不是负重前行？越是身处困境越要放下身段、低头谋生。我决定以一种全新的姿态重新出发，将过往的辉煌与挫败一并放下，以空杯心态迎接新的挑战。务实，并非妥协，务实也不丢人，因为务实成就的是真正的体面。

为此，我做了三件事。

◇

第一件事：我每天早上第一个到办公室，把所有人的办公桌都擦干净。

公司的老业务员，尤其是业绩较好的那些人，在公司里相当于占据一方的"诸侯"。他们不希望新人来分自己的蛋糕，所以会想办法把新人挤走，比如设法排挤、刁难新人。而且在新人去留方面，主管又很看重他们的意见。也许就因为他们的几句话，一个新人就会被开掉。

木秀于林，风必摧之。我在几个新人中表现一直较好，所以很容易成为他们排挤的目标。为了避免这种情况，我选择了以低姿态融入，用行动主动示好——每天早上第一个到办公室，把所有的桌子都擦干净，连司机的桌子都不落下。我的想法也比较直接，不奢望大家能在主管面前为我多美言几句，至少不要说我的坏话，我希望避免无端的误解与非议，为自己营造一个和谐的工作环境。

作为一名曾经的教师，我深知自己内心深处还有那份难以言喻的"知识分子清高"，更何况我还自认为是个有"两把刷子"的知识分子。然而，此时此刻，我愿意弯下腰，给大家擦去桌面的尘埃。

对我而言，这一举动无疑是一种挑战与自我超越，但它也是一种象征，象征我暂时搁置所谓的骄傲，以更加平和与开放的心态去面对新的环境与角色。为了在这片新的天地里生存下去，我必须学会适应与改变，用实际行动证明自己的价值。

当然，随着时代的发展，现在的年轻人大可不必用"帮擦桌子"这种年代感十足的举动获取好感。但当你加入一个新团队时，你还是需要用行动向团队传递一个明确的信息：作为新成员，我渴望融入这个大家庭，没有半点儿高傲与疏离。

第二件事：我周末不休息，帮大家值班。

周末，别的同事可能会去参观天安门、长城，或者走亲访友、聚会休闲。虽然我也是第一次来北京，但我告诉自己：先不能去，这不是玩的时候。

要知道，在北京，让人大开眼界、可玩的东西比湖南老家丰富得多！但每当周末来临，我都毅然选择留在办公室，不仅是为了帮同事值班，更是为了把握住这宝贵的自我提升时间。

收其锋芒，养其思维。越是身处繁华，越要能抗拒诱惑，守住自己的内心。

人在屋檐下，一定要低头。这不是屈服，而是策略。不要抱怨，不要觉得自己受了委屈。要想成功，就必须付出代价，因为如果不成功，未来可能要付出更大的代价。

成功的路上压根没有捷径可走，很多你以为的捷径其实都是陷阱。我从不抱怨，也不觉得委屈，因为我明白，所有的付出都是对未来的投资。现在的艰难，正是攀登所必经的磨砺。如果此刻的你感到轻松惬意，那或许你才应该警惕——那意味着你要么在停滞不前，要么正在下坡路上狂奔得一往无前。

◇

第三件事：我用了不到半年时间，学完了暖通专业大学本科四年的全部课程。

从教师到销售，从对空调原理一无所知的外行到对中央空调各种参数了如指掌的内行，这不是一朝一夕就能做到的。这个时候，就考验一个人的学习能力了。

我坚信，不懂专业就做不了销售。我一定要成为团队中最懂专业的人。

入职后的半年里，我几乎每天都在办公室看书、研究样品。没有培训，也没有人教，一切全靠自学。

我很清楚，我学习不是为了搞研究，而是为了更好地胜任这份工作，是为了让我在跟业内人士交流时，表现得像个内行。所以在浩如烟海的学习内容里，我还要学会抓大放小、提纲挈领，聚焦于那些对提升工作风貌至关重要的核心知识，密切关注行业动态与前沿技术，对于一些占时间还意义不大的学习内容，则"该放手时就放手"。

◇

每天下班前的例会上，主管都会点名提问，让我们讲讲空调的基本原理，包括制冷原理、制热原理等。每当轮到我的时候，我总能凭借自己过人的学习能力和表达能力，将这些晦涩难懂的原理用通俗易懂的销售语言阐述得清清楚楚。我甚至能做到主管提到一个参数时，迅速指出这个参数在哪本书的哪一页哪一行。这说明，我对许多内容的熟悉程度，几乎达到了信手拈来的地步。

◇

经过半年的沉淀，我终于，真正地入了这一行。

最初的 7 个新人，最后只留下了 2 个，我是其中一个。

不会不可怕，你可以学，可以观察，可以模仿，可以自己开动脑筋。

也正是在这家公司的工作经历，延展出了我人生中的无数个第一次。不过那是后话了。

◇

先讲个我第一次坐飞机的故事吧。因为业务需要，我要带客户回总部考察，那是我第一次坐飞机。听说坐飞机和坐火车不一样，有很多特别的手续，为了不露怯，我提前一天到机场打听并预演值机、托运行李的步骤，就为了第二天和客户一起走时能泰然自若，显得专业靠谱。

但到了真正飞行的那天，我心里却还是有点儿小忐忑。坐在舒适的机舱内，系好安全带，望着窗外逐渐缩小的地面，一切都那么新鲜又陌生。过了一会儿，空姐的声音在机舱内响起，宣布即将提供餐食服务。我愣了一下：这个考点没预习到啊！记忆中航班信息并未明确提及餐食是否免费，我不由自主地担心这可能会是一笔不小的开销。

当空姐推着餐车从前向后缓缓走来，我犹豫着是否要以"不饿"为由拒绝这份可能昂贵的邀请，突然我灵机一动：何不先看看其他乘客是否用餐，表情如何。看到周围的乘客们神色淡然，而且几乎都要了餐，我感到了一丝安慰。我暗自揣测，或许这份餐食的费用并不会太过离谱。

"被宰就被宰了"，为了给客户留下一个慷慨大方、细致周到的良好形象，我和空姐说，我们俩一人一份，算我的。

空姐微笑着告诉我飞机餐是免费的，我高兴之余，也为之前的"精打细算"感到一丝好笑，瞄了一眼客户，看他神色如常，我才又放下心来。

我一边吃着那份不算太美味的飞机餐，一边和客户聊着天，心情格外舒畅。窗外是云海翻腾，阳光透过云层洒下斑驳的光影，一切都显得那么美好。

那个曾经站在乡村田埂上，仰望蓝天、心怀梦想的穷小子，如

强　势

今竟能坐在飞机上，真正地谈着生意。

◇

无论是"下海"，还是来北京，这些选择也许现在看是正确的，但在当时，我并不能说一定是正确的。

现在流行一句话，选择比努力更重要。我不抵触，但也不完全认同。我想，这句话还应该有后半句：选了就不后悔，与其纠结选择是不是正确，不如通过努力把选择变正确。

虽然我在自认为"变正确"的过程中做的一些事，以现在的眼光来看显得有点儿笨拙、不那么成熟，但在当时，它们确实为我铺就了成长的道路。

当然，这并不意味着现在刚步入社会的新人也要这样做。时代在变迁，策略也应随之调整。重要的是要认识到，仅仅靠蛮干、苦干、傻干是无法突破认知和能力上的局限的，你需要不断地学习，不断地吸收新知，不断地改变，不断地自我提升，才能始终保持螺旋式上升的成长态势。

你可以现在什么都没有，但你必须有知识，有本事。学习得来的东西，别人偷不走也抢不走，永远属于你自己。

藏器于身，待时而动。

只有我知道

这份执念

已经

无关名利

只因内心深处

那份对更好生活的

渴望

和

对自我

极限的挑战

深入骨髓的向上思维

深入

为了在这片新的天地里

生存下去

我 必须学会 用实际行动

适应与改变

价值 证明自己的

开动脑筋 可以自己 可以模仿 可以观察 你可以学 不会不可怕

每一个"从头开始"

都意味着你又有一次机

会毫无保留地成为自己

逆光绽放：
人生中的第一单

一个烈日炙烤的夏日午后，一位满身尘土却眼神坚定的青年，脚蹬着一辆"二八大杠"自行车，在飞扬的尘土中紧追不舍，一辆轰鸣的渣土车在前"哐当"作响。

这一幕，就是我签下人生中第一个订单的开篇。

当主管宣布"你可以干销售了"，我没有一点儿恐惧或紧张，只感觉自己即将展翅高飞。尽管当时的我连业务在哪里都不知道，但还是掏空口袋勇敢投资，按照销冠的姿态装备自己：一辆承载着梦想的"二八大杠"，一部象征业务繁忙的"大哥大"，一身彰显专业的笔挺西装，一双锃亮的皮鞋和一条整洁的领带。

◇

一个来自小城市、初涉新行业的新人，突然被摆到这个岗位上，我需要独自面对很多问题。没人教我，没人带我，没人陪我，但我将靠自己野蛮生长。

业务在哪里？没有人会告诉你，因为同事之间都是竞争关系，谁也不会把自己的蛋糕分给你。对我来说，我也不屑于分别人的蛋糕，因为那往往是别人挑选后剩下的无味之物。我打定主意，一定要自己去找蛋糕。只有自己开发的客户，才是真正属于自己的资源。

◇

我决定从建筑设计院入手来推销中央空调，这并非盲目之举，而是深思熟虑后的战略抉择。

建筑设计院是建筑项目的起点，若能在设计阶段就把中央空调的"种子"撒进去，那无疑能收获一个市场的春天。退一步讲，建筑设计院通常与各大开发商、建筑公司以及业主之间保持着紧密的合作关系，这些合作伙伴往往对中央空调的性能、品质和服务有着严格的要求。他们挑剔的眼光，正是对产品最好的试炼。通过与设计院的合作，我可以更直接地接触到这些潜在客户，了解他们的需求，并为他们提供量身定制的解决方案。此外，还有一个隐形的好处，建筑设计院在业内是权威的象征，与他们建立合作关系，不仅可以提升我个人的专业形象，还可以借助设计院的影响力，将我的产品推广到更广泛的市场。

强 势

靶点再好，也要行动。我把北京的头部建筑设计院全部列了出来，并重点圈出做暖通设计的人。这一步并不太难，因为这些基本属于行业公开的信息。但是怎么才能找到这些人，和他们建立联系呢？我突然想起，有四位老同学在北京从事与建筑业相关的工作。一直以来，我的社交能力都比较强，在同学圈子里也比较活跃，所以当我向他们求助时，他们都很乐意帮忙。

几经周折，其中一位同学给我介绍了一位建筑设计院里的暖通设计专家，真正撕开了一个口子。通过这个小小的口子，我逐渐与更多的人建立了联系。在一个多月的时间里，我成功地与北京几家头部建筑设计院的暖通设计师建立了联系。但我人生中的第一单并不是来自他们。

正如沙漠中有经验的探险家，在追寻宝藏的同时，更要懂得如何寻得水源，因为倘若只盯着远方的宝藏而忽视生存的基本需求，最后很可能命丧途中。梦中的满汉全席固然可喜，但眼前的一饭一蔬同样重要。同理，与头部建筑设计院合作属于战略规划，但什么时候能取得成果却不可知。对当时的我来说，最重要的是尽快拿到订单，实现销售的突破。

一方面，我需要用实打实的业绩，为自己在公司赢得立足之地；另一方面，我也需要解决自己短期内的经济困境，养家糊口。于是，我将所有的资源和精力都聚焦到那些两三个月就能出成果的订单上，对于中远期的项目，只在闲暇时稍作关注。

在生存面前，任何空谈都是苍白无力的。

和那些生存问题都没解决就大谈理想战略的人合作，一定要小心。他们通常都是纸上谈兵，所谓的合作也很可能会无果而终，黯淡收场。道理很简单，还没学会爬，就想跑想飞，不摔死才怪。

那么，可以快速出成果的订单在哪儿？很明显，在建筑工地。有工地就有建筑工程，有建筑工程就有装中央空调的需求。于是，我每天骑着"二八大杠"到处找工地。有一天，我发现前面有一辆渣土车。那一刻，灵感如电光石火般闪现——有渣土车就有工地！我立刻加速，骑着我的"二八大杠"紧紧地追着那辆渣土车。

最笨的方法，恰恰是最有效的！

◇

七月的北京，室外气温逼近 40 摄氏度，我穿着西装，打着领带，骑着一辆"二八大杠"，狂追一辆满载渣土的大货车。汗水滚落，我还来不及擦，就被迎面的风吹散大半，还有一些混合着风中的尘土，黏在脸上。

满身狼狈，却满心期待。

终于，一个宏大的建筑工地映入眼帘。但这到底正在建什么，

强　势

需不需要中央空调，我并不知道。怎么才能找到工地的负责人呢？我买了一瓶矿泉水，走向工地上正在干活的一个大妈，问道："大妈，这个工地是在建什么啊？看起来规模还挺大的。"大妈很热情，热情的大妈通常也消息灵通。果然，大妈对工地的情况了如指掌。她告诉我，这里要建一个商场，负责工程的老板就在旁边那栋三层小白楼里办公，姓黄。

"朝阳群众"确实很厉害，听到这消息，我如获至宝。

我低头看了看自己，一身尘土，心想：这模样去见黄总，肯定是不行的。于是，我四处张望，终于在一个不起眼的角落找到了洗手间，决定来个紧急变身。

我动作麻利地洗了把脸，用手蘸着水梳了梳头发，擦了下皮鞋，整理好领带，拍去西装上的灰尘，最后，拎起公文包，对着镜子里的自己点了点头，自信地走出了洗手间。

走出洗手间，我直奔小白楼而去。刚到门口，就瞄到了一位保安大哥。我脑筋一转，想起旁边有个小卖部，便快步走去买了一瓶矿泉水。回到门口，我微笑着将矿泉水递给保安："大哥，这天儿热得跟蒸笼似的，来，喝口水解解渴。"保安大哥显然有些意外，或许是他平时很少受到这样的待遇，脸上露出了笑容。他接过水，好奇地问我要找谁。我回答："我找黄总，有点儿事情要谈。"他一听，立刻变得严肃起来，连问了我几个问题。我耐心地解释："我是黄总的朋友，我们之前已经约好了。"那时候的保安系统还没那么先进，他无法立即核实我的身份，但见我说得诚恳，又加上那瓶矿泉水的"人情味"，最终还是放我进去了，还热心地指引我去三楼黄总的办公室。

世上没有无缘无故的爱，也没有无缘无故的恨。这一路上，我感慨万千，世间万物，皆有因果。对小人物的善良和尊重，往往能收获意想不到的帮助。尤其当我们身处低谷，一无所有时，更需要珍惜每一次与人交往的机会，用真诚和尊重去赢得他人的信任与支持。

直到今天，我依然坚信，销售员必须具备老板思维，把公司里的每一个人都当作你的潜在合作伙伴和贵人，无论是同事还是司机、前台、保安、清洁工等。只有拥有这样的认知、格局和思维，你才能把工作真正做好。

机会更青睐那些有准备的善良之人。

◇

踏上三楼，来到黄总的办公室门前，我深吸一口气，再次整理了一下仪容，然后才轻轻敲了下门。

门打开了，由于我并不认识黄总，所以我很礼貌地问对方："请问您是黄总吗？"对方点头回应："是的，你找我有什么事吗？"我随即介绍自己："我是做中央空调业务的，专门来拜访您……"一套标准的营销话术还没有说完，黄总就打断了我："不好意思，我现在没有时间，我马上要去开会了。"我迅速反应："您给我五分钟就好。"黄总稍微迟疑了一下，还是点头表示同意，并再次强调："只有五分钟。"

我飞快地在脑子里把提前准备的话术过了一遍，摘出最有可能吸引黄总的那部分来讲。我一边讲，一边观察黄总的反应，随时准备调整话术。时间已经悄然超过了黄总最初设定的五分钟，但见他始终没有露出不耐烦的表情，也没有打断我，我就没有停下。

此刻的每一秒都异常珍贵，就好像命运悄然间给我开启了一道门。透过那扇虚掩的门，微微有光亮得见。而只要命运给我打开一道缝隙，我就从不问为什么，不琢磨怎么会是我，不内耗自己究竟会不会做砸，这有什么好犹豫的？先进去再说！

于是，我更加精心地讲述着我们的产品如何以创新技术引领行业潮流，如何以卓越的性能为客户带来超越期待的体验，我们的团队在无数个日夜里如何不懈追求，只为将最完美的解决方案呈现给客户……随着讲述的深入，黄总的表情也从最初的专注逐渐转变为赞许与感兴趣。他时而点头表示认同，时而提出问题与我探讨，我心中涌起一股莫名的激动与感激。延长的时间，是黄总对我专业的认可。

到我把准备的内容全部讲完时，已经过去了半个小时。黄总笑着对我说："小伙子，不错！你真的很专业，也很用心。听了你的介绍，我觉得我们确实对你们的产品有需要。不过我现在还有事，我们改天约个时间好好聊聊。"

◇

人生是一个不断积累的过程，可能一刹那的绽放，但却源于过往无数个日夜的不懈耕耘。

如果我没有沉下心来，投入半年的时间进行系统的专业学习，没有教师那份经历的锤炼，没有在大学演讲中锻炼自己的表达能力，那么，这一刹那的光彩，我很可能压根绽放不出来，根本把握不住这关键的五分钟，也不可能把五分钟变成半个小时。

再次拜访黄总的时候，我们相谈甚欢。后来，我又带他看了客户案例，考察了公司和工厂等。一套流程下来，我们建立了深厚的信任。接触不到两个月的时间，我就成功和黄总签了合同——一份价值 500 多万元的订单，预付款 30%。这个订单使我打响了职业生涯的第一炮。

◇

不得不说，就像在黑暗中看到了曙光，在绝望中抓住了稻草，

强　势

这笔订单的提成在短期内解决了我的生存问题，这笔订单也给了我信心：我是能做这一行的。

◇

人世间一切美好，都是慢慢呈现的。

花儿静静地绽放，太阳缓慢地升起，稻子默默地成熟……细水长流，清风徐来。骤然间出现的更可能是灾难，比如洪水、海啸、地震、火山，无一例外。大自然如此，人世间亦如此。突如其来的馈赠，往往伴随着未知的风险，如同自然灾害般不可预测；而历经岁月沉淀与不懈努力的成果，则更显其珍贵与纯粹。

满满一池塘的荷花，第一天可能只绽放了一点点，第二天还是只绽放了一点点，第三天，第四天……都是如此。直到第二十九天，荷花可能依然只绽放了半个池塘。但是，当第三十天来临，你推开窗户，却会看到满池绚烂，蔚为壮观。这就是著名的"荷花定律"。成功从不一蹴而就，它需要的是持之以恒的积累与不懈的努力。

世间万般美好，皆源自时间的温柔酝酿。慢慢来，别太着急。只要你定好了目标，每天努力做好眼前的事，日积月累，有一天你就会发现，你想要的已经来了。

伴随着首个订单的落地，我的资源日益丰富，经验逐渐累积，收入也稳步提升。1999 年，为了更好地开展业务，我做出了一个重要的决定：换下陪伴我很久的"二八大杠"，用汗水换来的积蓄买一辆小汽车。我的第一辆小汽车是一辆红色的桑塔纳 2000 时代超人，全部办下来花了我 30 万出头，要知道，那时候北京的房价一平方米还只要两三千元！这份给自己的巨额投资，也映衬着我的个人气魄。对每个男人来说，购买的第一辆车总是意义非凡的，因为那不仅象征着他真正实现了独立和自由，更标志着他从青涩少年到成熟男人的转变。

新车到手，我首先想到的是将母亲接到北京，与她分享这份喜悦。然后，我正式跟母亲摊牌："妈，其实我早就从学校离职了，现在在一家企业上班，发展得还不错，刚买了车。"

母亲听到这个消息后，先是愣了一下，随后眼中闪过一抹复杂的情绪——有惊讶，有生气，有担忧，但更多的是欣慰和骄傲。她轻轻叹了口气，说："你离职这么大的事居然都敢瞒着我！既成事实，现在说什么也没用了。看到你在北京发展得很好，还买了车，我真的很为你高兴。"我点了点头，心中涌起一股暖流。

母亲的信任和期望，一直是我不断前行的动力，直至今天。

周末，阳光正好，我驾驶着那辆鲜红色的桑塔纳，带母亲在长安街上兜风。母亲坐在副驾驶座位，眼中闪烁着孩童般的兴奋与好奇。我特意绕着天安门广场缓缓行驶了三圈，每转一圈，母亲的笑容就更加灿烂一分，直到最后，她的眼眶湿润了，轻声啜泣道："儿啊，我做梦都没想到，这辈子能来到北京，坐在咱自己的车上，到天安门转一转。你真的是出息了，妈为你骄傲。"

一年时间，我从负债 1 万元实现了存款近 10 万元。

◇

1999 年的春节，我带着存款回了家。除了村里其他人家那几栋新翻盖的房屋在提醒着我时间的流逝，家乡的一切似乎都未曾改变。

走进熟悉的老红砖房，我突然意识到母亲老了，她的步伐不再像以前那样矫健，身体也因常年劳作显得有些佝偻。我心中五味杂陈，故作轻松地询问起家中的经济状况。从妹妹口中我才知道，母亲其实一直在瞒着我们偿还给父亲看病和承包果园产生的债务。母亲总是那么坚强，她试图用微笑掩盖一切。

我鼻子一酸，忍着内心的难过问母亲："家里还欠多少钱？"母亲却说："钱的事情你就别担心了，妈会想办法解决的，你现在好好工作，照顾好自己就行了。" 我听了心里更加不是滋味，深吸一口气，尽量让声音保持平静："妈，您别瞒我了，我知道家里的情况，我也知道您不想把债务留给我。但是我现在收入不错，也有了一些积蓄。您告诉我还欠多少钱，我们一起想办法。"母亲想了想，说还欠将近 1 万元。我拿出 1 万元给了母亲，让她把家里的债务全部还清。那一刻，我觉得自己成了一个真正成熟的男人，一个能扛家的男人。

这个世界上大多数的痛苦源于只想着自己一个人快乐，而大多数的快乐来源于让别人快乐，尤其是让家人快乐！

春节过后，我带着母亲去县城买了一套房子。我想将母亲接出农村，过上城里人的生活。

钥匙交到母亲手里，我知道，人生中最困难的阶段，迈过去了。

我将靠自己野蛮生长

梦中的满汉全席固然可喜

但眼前的一饭一蔬同样重要

可能一刹那的绽放

但却源于过往无数个日夜的

不懈耕耘

最有效的方法恰恰是最笨的

再平凡

也不要看轻自己

逆境之思：
面子与价值

人，越是匮乏，越倾向于紧握那脆弱的自尊，越是什么都没有，越是爱面子。

面子到底是什么？它有时候最不值钱，有时候又最值钱。

我认为，一个人爱面子、要面子的过程可以分为四个阶段，纵使千变万化各有不同，但总也逃不开这四种。

◇

第一个阶段：死要面子活受罪。

对一些人来说，宁可活受罪，也得死要面子。为了不被人嘲笑、不被人看不起，为了别人口中的夸赞、别人眼中的羡慕，不管自己多么艰难，都要撑下去，被外界的评判绑架，甘愿承受苦楚，只为维护那虚幻的尊严。

我还记得当初面临要不要离职"下海"的抉择时，我的内心经历了漫长的煎熬。我害怕在亲戚朋友面前丢了面子，更怕被领导、同事看不起。当时，销售工作的社会地位并不高，远不如备受尊敬的教师职业有面子。

为了面子，我每个月拿着微薄的薪水，背负着家庭的经济压力，不得不到处兼职，把自己搞得身心俱疲。在单位里，为了得到他人的认可和赞赏，我尽力多做工作，甚至不惜讨好别人。但是，我得到了什么呢？在别人眼中，我依旧是那个从农村出来的穷小子，是一个被边缘化的小领导。

为了维护所谓的面子，我承受了很多不必要的困扰。但其实，真正的尊严不应建立在他人的眼光之上。

◇

第二阶段：放下面子去追梦。

当我决定丢掉面子，离职"下海"，眼前的浓雾瞬间消散，我感到前所未有的轻松和愉悦。

哲学家桑塔耶纳曾说："我们的尊严不在于我们做什么，而在于我们懂得做什么。"历史长河中，无数先贤以行动诠释了这一真理：越王勾践卧薪尝胆，三千越甲终吞吴；刘备三顾茅庐，终得诸葛亮"鞠躬尽瘁，死而后已"；韩信忍胯下之辱，终成统领百万雄师的威武将军。

生存阶段，哪有面子？

刚开始做销售的那段日子，我常常骑着"二八大杠"到处跑业务。在这个过程中，我遭受过保安的呵斥、路人的奚落，这些无疑让我很丢面子。我告诉自己，这些都是做销售必须经历的，如果我因为一时的面子而轻言放弃，再回到安逸的生活里温水煮青蛙，那才是真正的没面子。

面子不是靠别人给的，要靠自己去挣！

我全身心地投入工作中，做好哪怕别人眼中微不足道的细节。终于，我的努力得到了回报，一个又一个订单接踵而至，直到我成为销售冠军。

◇

第三阶段：花钱买面子。

试想，若连自身的形象都显得仓促随意，客户又怎能相信这样一位销售员能将复杂的项目处理得井井有条、游刃有余呢？毕竟，外在形象是人际交往的第一张名片，它无声却有力地传递着一个人的态度、品位乃至专业度。

俗话说，先敬罗衣后敬人，先敬皮囊后敬魂。一个懂得精心打理自己形象的人，不仅展现了他对生活的热爱与尊重，更透露出一种自信和实力，仿佛在说："我能驾驭好自己的人生，也定能处理好手中的工作。"

尤其是做销售，形象一定要走在能力的前面。

我很早就有了这样的认知。所以，我在做销售初期，就毫不犹豫地投资自己，从西装、领带这些基础装备，到象征着职业身份的"二八大杠"和"大哥大"，后来我的收入刚刚提升就买了车，这些都是为了彰显自己的经济实力和社会地位。因为我做的是大客户销售，接触的都是高端人群，销售的都是几十万甚至几百万元的产品，如果形象上不能取信于人，可能就没有机会展示能力了。

为此，我做了很多花钱买面子的事。

当时公司租了一辆奔驰 S600 用于重要接待，不过平时大家都眼巴巴地看着，因为用的时候得自己掏腰包。但我愣是把它当成了自己的"移动名片"，买车之前，我是公司里使用这辆车最多的销售员。逢重要客户必开，且每次都要带上这辆车的专职司机，司机也特别喜欢跟我一起出去，因为我每次出门，包里总揣着几包好烟，见面先给司机师傅递上一包。但我对他有个小小的要求："见客户时，麻烦您先下车帮我开下车门！"

另外，如果我的客户到公司考察，我会提前给公司的保安、前台、清洁工以及其他同事准备饮料、水果或午饭，好让他们能在客户来访的时候配合我，表现出对我的尊重与认可，这样也会让客户对我更有信心。

这么做，有人说我太讲究，但我觉得，销售这行当，就是得有点"戏精"精神。把每次见面都当成"第一次约会"，用心准备，才能赢得对方的心。这些小细节，看似不起眼，实则都是合作的催化剂，能让我与客户的关系更融洽。毕竟，谁不喜欢跟一个细心周到、人缘好，还懂得尊重人的伙伴打交道呢？

我乐于为那份"看起来不错"的感觉买单，因为我觉得这是必要的投资。

同时我也明白，通过花钱来买面子并非长久之计。面子，终究得靠实力来撑腰。于是，我一边精心投资"面子工程"，一边狠心磨砺自我实力。

◇

第四阶段：既有面子也有里子，面子就能赚钱。

真正的面子并非仅仅局限于外在的虚荣与表面的光鲜，它更应当与内在的实力和切实的利益相得益彰，共同塑造出一个完整而坚实的个人形象。

2006 年，我开始涉足高尔夫球领域，并成功组建了自己的高尔夫球队。这个转变不仅让我亲身体验到了高尔夫球的独特魅力，更成了我拓展资源、寻找商机的途径。与此同时，我开始尝试成为一名天使投资人，积极投身于多个优质的项目之中。

这些经历使我深刻领悟到，当一个人的面子积累到一定程度时，那些因面子而聚拢的资源与机会，也能转化为实实在在的收益与成长。这种既有面子又有实际利益的状态，才是追求面子的最佳境界——既有面子，也有里子。

正如电影《一代宗师》中所言："人活在世上，有的活成了面子，有的活成了里子。而只有里子，才能赢得真正的面子。"

◇

在经历了要面子的四个不同阶段后，我认识到面子的价值并非一成不变，而是会随着情境和阶段的转变动态变化。

2017 年，我创立了"赫为科技"，第二次站在创业的十字路口，我再次面临产品推荐和销售的任务。这意味着，为了企业的生存和团队的发展，我不得不暂时放下个人的面子，让位于更为迫切的生存与发展需求。作为企业的领导者，我必须亲自出马，无论是寻求帮助还是招商引资，我都得再次回到要面子的第二个阶段——放下面子去挣钱。

◇

在我看来，正确看待面子是前提，适时放下与拾起面子是关键，用实力赢得面子是根本，而谦逊和低调则是最坚实的盔甲。

强　势

面子不应成为你行动的唯一动力。你要理性权衡面子与里子（实际利益）的关系，学会根据自身的境况和目标灵活管理二者，让它们和谐共生，而非相互冲突。当处于创业初期或面临重大挑战时，你要有勇气暂时放下面子，将全部精力聚焦于目标的实现。随着成功与财富的逐步积累，你可以适时拾起面子，但要避免陷入虚荣的漩涡。

面子并非通过表面的装扮就能获得，而是源于实力和成就。之所以说要时刻保持谦逊与低调，是因为即使人生的开局天差地别，但能笑到最后的人通常有一个共同点——脑子清醒。

真正的**尊严**

不应建立在 他人的 **眼光之上**

面子 不是靠
别人给的
要靠自己去挣

深入强平台:
站在巨人的肩膀上

注入强关系:
用真诚打造强大社交

提高强认知:
成就的上限,就是认知的上限

锻造强实力:
行动是成为强者的唯一方法

践行强思考:
边干边像,快拳打倒老师傅

打磨强心态:
无敌的内心是一切的开始

背负强责任：
背负得越多的人，
赢得也越多

以"弱"胜"强"：
让专家级营销成为
一种习惯

第二部分

势

自己强才是王：
热闹纷扰，莫忘初心道

敢让他人强：
格局才是人与人的最大差异

勇敢的 "不"：
尊严很贵，体面拒绝的艺术

没有"差不多得了"

半山腰总是最挤的
得去山顶看看

深入强平台：
站在巨人的肩膀上

人生关键时刻，更要勇敢断舍离。

如果有高人指路，2000 年我或许不会去成都，我的人生或许将会是另一番光景。毕竟当时我在北京发展得很好，按理说我不应该去成都。

但当时，领导跟我说，公司有意派我到成都去做西南分公司的负责人。我心中其实隐隐有些抗拒，因为我觉得在北京的生活挺好的。可为什么后来我又去了呢？其中，一方面是升职为分公司负责人的诱惑；另一方面，我也是被领导的恳切态度和对我的高度评价打动了。我觉得去成都可能也挺好，会有另一番作为。

后来我才知道，是因为我在北京办事处的表现太突出了，触动了一些人的利益，他们才安排了这场"升迁"，一桩职场版的明升暗降。

木秀于林，风必摧之。

等我想明白其中的弯弯绕绕，已然身在成都。如果当时有高人指路，一语点醒梦中人，或许我能及时抽身，另辟蹊径，可能结局又不一样。当然，命运的走向谁也无法预料，也许一切都是最好的安排。但从发展的角度来说，我认为那是我人生中走的一段弯路。

◇

少不入川，老不出蜀。

天府之国的安逸，让人在不知不觉中沉醉。这里环境优美，气候宜人，生活节奏缓慢、悠闲。然而《孟子》云："生于忧患，死于安乐。"我从竞争激烈的北京，来到成都这样一个安乐窝，人一下子就放松下来。而且我是西南分公司的负责人，不用自己到一线跑市场、拼业绩，反正干不干活、干多少活，年薪都有几十万元，在 2000 年左右，这是绝对的高薪。

我开始享受生活，过得安逸起来：每天早上睡到自然醒，中午到办公室处理一下邮件，下午就应约到茶馆打麻将，常常"鏖战"至深夜；每逢周末，更会与三五好友一起去成都周边玩乐，品农家菜，赏美景，当然，还有不可或缺的打麻将，日子可谓是惬意至极。成都的自然环境和生活氛围都极为舒适，特别养人。

强 势

在过了一年多这种安逸到近乎颓废的日子后，我渐渐发现自己与身边这些茶友、牌友的共同语言越来越少。我看不惯他们，也看不惯自己。我意识到，这种安逸并非我所追求的生活，甚至这种安逸正悄悄地将那个有雄心壮志的我吞噬，让我远离了曾经的梦想与追求。

◇

意识到了就要断舍离。

2003 年，那是一个被"非典"阴霾笼罩的特殊时期，当大多数人都选择蛰伏时，我却毅然向公司递交了调回北京的申请，但遭到了拒绝。不过既然心意已决，我也有壮士断腕的毅然，我主动向公司提出了离职。

然而，当时公司的薪酬制度却成了我离职的最大阻碍。公司的薪酬制度比较特殊，员工的工资、提成和奖金等都要以借款的形式领取，给公司打借条，离职时必须全额归还，这是这家公司的"驭人之术"。尽管这种不合规的制度在法律逐渐完善后已不复存在，但在当时确实给我带来了巨大的困扰。虽然"还钱"的事最后不了了之，但过程中的尴尬和不愉快，依然让我第一次深刻领悟到"世道险恶"。

即便如此，我还是很感谢老东家，是它带我入了暖通行业，教了我一身本事。

这次经历，像是一面镜子，向我映照出一个企业发展的深层逻辑：老板的格局，往往决定了企业的未来。大格局者不算小账，不拘泥于眼前的微利，他们懂得，对基层员工的关怀与重视，才是企业源源不断的生命力所在。

2003 年，而立之年，我再次选择重新出发。我决定自己做一个有格局的领导者。

第二次来到北京，我已经迈过了那个初出茅庐求生存的人生阶段。我的积蓄让我有了一定的抗风险能力，不必再像之前那样为了生存问题而焦虑，手头的资源也让我有了更多的机会。我准备好用全新的姿态，去书写属于自己的故事。

◇

当时，最大的诱惑是房地产业。2003 年，中国房地产业迎来了自 1999 年以来投资增幅最快的一年，国务院的 18 号文件更是将房地产定为国家的支柱产业。这些信号都预示着房地产业的巨大潜力。

恰好在那时，有个朋友邀请我一起进军房地产业，我可以选择北京，也可以选择去上海或深圳发展。当时这些一线城市的房子平均每平方米只要三四千元。然而，可能还是因为年轻，视野和认知都存在局限，对未知世界既有憧憬又存畏惧，我最终选择了婉拒这份邀请。他劝我说："你先别急着拒绝，我们一

　　　　　　　　　　　　　　　　　　　　强　势

起去上海、深圳看看再说。"我有时候会想，如果我那时真的跟他去了，后来的人生或许会是另一番景象吧？那是一个 500 万元就能投资一家规模不小的房地产企业的年代。

所以，当人生到达某个阶段后，你会做出什么选择，并不在于你有没有资源、有没有能力，而在于你有没有见识、能否洞察趋势，以及有没有胆识去迎接挑战。人永远赚不到认知以外的钱，即使凭运气赚到了，也终将凭实力赔进去。

◇

人每一次的获得或失去，其实都是在为自己的认知买单。

我骨子里是个稳健的人，更喜欢稳扎稳打，这既是优点也是缺点。保持稳健，会让你的人生之路走得更加坚实；但过于稳健，有时候却会束缚你的思维，削弱你的胆识。

我选择继续扎根在暖通行业，以不变应万变。

猎头给我推荐了不少单位，几年的职场打拼，也让我对各类性质的企业都有一些了解。这一次，我选择进入一家世界 500 强的外企。当然，我知道外企的工作压力更大，竞争也更加激烈，但是我相信，只有站在巨人的肩膀上，才能眺望更远的风景。

我再次从普通的销售岗位干起。这一次，我面临更大的挑战，包括但不限于语言障碍的跨越、文化差异的融合以及工作习惯的重塑。我的学习能力再次发挥优势，让我很快就适应了外企的工作环境，业绩也一路突飞猛进，我逐步晋升为高管。

一个人的站位决定了他的视野，而一个人的视野又决定了他的下一步站位。

◇

在外企的这段工作经历不仅让我的职业技能实现了质的飞跃，也给我带来了经济上的丰厚回报。那时，恰逢北京奥运会筹备之际，城市建设如火如荼，中央空调安装需求井喷，我们公司凭借行业领先地位，承接了众多奥运项目的中央空调系统建设，我因此有幸经手上亿级别的项目，与业界顶尖精英并肩作战，共同成长。

选择大于能力，平台大于选择。有些人自认为很有本事，但离开了平台什么都不是。人生关键时刻，你一定要敢去更高的平台。

◇

同时，平台也决定资源的上限。第一次到北京时，我虽然做到了"销冠"、分公司负责人，收入也比较高，但本质上仍然是个打工者，所以我一直在做加法，不断积累属于自己的资源。

强　势

而当我再次回到北京，伴随着平台的升级，我的资源也随之跃升，我开始做减法，舍弃了一些以前的资源，开始搭建一个更高层次的资源网络。

我从 2006 年开始打高尔夫球，到现在已有近 20 年的球龄。为什么当时会选择打高尔夫球？因为那时的我已晋升为外企的高管，我需要一个能帮我拓展社交圈层、深化人际关系的社交平台。高尔夫球场，就是我的新社交场，优雅又不失格调。

为了打好高尔夫球，我不仅跟专业的教练学习，更置办了顶级的装备和服饰，甚至还在练习场地办了会员卡。后来，我还参与了湖南籍在京企业家高尔夫球队的创建。人这一辈子很短，所以做什么事就要像什么事。随着球技的提升，我在北京的高尔夫球圈中也慢慢有了一些影响力。然而，在对外拓展的过程中，我意识到"职业经理人"这个身份标签是不够的，相较于"老板"这一身份所具备的更广泛的社会属性，"职业经理人"似乎略显单薄。

我又面临着一个重要决策。

◇

人生的每一个阶段性决策，往往并非源于周全的考虑和完美的准备，更多的时候，它依赖于我们的直觉与行动。你得有勇气扔掉那些不再适合你的"装备"，哪怕它们曾经是你的宝贝。

2008 年，我从外企离职。离职的原因很简单：干得没意思了。

我在这家公司干了五年，什么都搞清楚了，什么都懂了，工作对我来说不再有任何挑战。再加上北京奥运会后，建筑工程慢了下来，中央空调市场也受影响，我是个不愿意原地踏步的人，虽然我可以选择在这家公司待到退休，但我心里有个更大的梦想。我觉得，我的朋友圈里很多人都是上市公司董事长，而我不比任何人差，他们能做到的，我也行！

◇

用现在的流行词来说，我是一个"裸辞选手"，面对职场选择，我不会等到下一步的桥彻底搭好，再把上一步的板子踢掉。

这也是因为当时的我完全没有经济困扰，发展才是我的考虑重心。所以，我可以先把板子踢掉，再往前跳，这样才能跳得更自由。反正我肯定不会让自己跳入万丈深渊，至于发展得究竟是成功、平平还是失败，不过是世人赋予的标签，何必太过在意呢？

恍惚间，那个手握镰刀、在田间地头默默割着猪草的小男孩，和那个自信挥动高尔夫球杆的成熟男人，这两个身影在时光的流转中悄然重叠——这已经是我未曾预料的人生了。

一无所有地从湖南小山沟走到今天，我已经"成功"太多了。

强　势

做人要知足，所以我不会纠结"失败"会怎么样，不会让这种负面想法消耗自己。人生的每一个关键时刻，我都曾拿出极大的胆识，心无旁骛，笃定成事。

实力够强，就不缺机会。虽然每一步都走得不容易，但我也乐在其中。

从外企的"大船"上跳下，我开始了自己的创业生涯。虽然当时面临多种选择，如做投资、做国际贸易或做基金管理，但由于没想好，我并没有急于做出决定。这期间，我参与了一些天使投资项目，投了两家公司，后来都上市了。这让我意识到，当你达到一定的高度，获得财富的机会也会随之而来。同时，我感觉在职场打拼这么多年，也有些疲惫，于是干脆做一个狂热的高尔夫球爱好者，在挥杆间寻找心灵的宁静，在放松中好好沉淀，静待下一个机遇的敲门声。

◇

关键时刻的决策力，是人生的"金钥匙"。我有时候很懵，有时候又很莽，并非事事通透，但在人生的大方向上，我从不含糊。我是谁？我从何而来？又将向何处去？做决策之前，我都会先厘清这些问题。

低谷时，清晰认识"我是谁"以及"我会是谁"，认清自我，才能造就重生的火焰；巅峰时，同样需要铭记"我是谁"以及

"我不能到哪里去"，保持清醒，才能给自己套上防止跌落的安全网。

记住，80%的财富累积，往往源自20%的明智抉择。跟对人、选对路、站对台、握紧有价值的资源，这些都是成功路上不可忽视的重要助力。人生有三场"翻身仗"——高考、婚姻、职业选择。有些人总是把大量精力耗费在无关紧要的决策上，对于这些人生的关键决策却很草率，甚至不重视、不珍惜。这无异于将胜利的果实拱手让人。

你真的想把这个世界让给那些你看不上的人吗？你有没有把握，在关键时刻，以敏锐的洞察力和果敢的决断力，抓住改变命运的契机呢？

成功之路是一步一步走的，但节奏要掌握在自己手里。

大格局者
不算小账

人每一次的
获得或失去
其实
都是
在为
自己
的认知买单

我

不比任何人差

他们 能做到的

我也行

醒醒

撒胡椒面式的
交往没有意义

注入强关系：
用真诚打造强大社交

物以类聚，人以群分。

向上社交是一个不断自我优化与提升的过程。回顾我的人生轨迹，我意识到，自己内心深处那种向上生长、向上发展的渴望，是自然而然形成的，并且一直都在。我的成长经历也告诉我：跟优秀的人交往，自己也会变得更优秀。

◇

想向上发展，我们就需要结交那些经验丰富、智慧深厚的前辈。特别是当你拥有 10 位比你大 10 岁以上的"忘年交"时，你会发现，有这样的朋友，人生将少走很多弯路，避开许多不必要的风浪。岁月在他们身上沉淀的不仅是沧桑，更多的是经验和智慧。你或许会有些敬畏，不敢轻易向他们请教，但只要你跟他们开口，每一次交流都会让你收获颇丰。这种朋友往往会成为你人生中的贵人。

不要害怕和他们交往，真正厉害的人往往非常谦和。

我曾有幸结识一位老领导，他也是我人生中的贵人。最初他是我的客户。认识他时，我还不到 40 岁，而他已近花甲之年。虽然我不清楚他对我是不是一见如故，但我却实实在在地对他一见如故。我这个人跟谁相处都坦诚相待，不喜欢虚与委蛇，所以我们之间的交往虽然平淡如水，但却十分交心。

◇

周末的香山脚下，简陋的小餐馆里，开几瓶三块钱的啤酒，两个年龄相差十几岁的男人，就这样聊上一个下午。从柴米油盐到人生哲学，无话不谈。他甚至愿意向我倾诉一些鲜为人知的心事和工作感悟。对我来说，每一次对话都充满了收获。

当然，这种对话也要求你具备足够的阅历、见识和知识，才能跟得上他的节奏。同时，你的态度也一定要真诚，不讨好、不虚伪也不卑微。有时，他提到的一些观点我不认同，我就会直接表示反对："这个观点我不同意。"

我们交往了很多年，直到他去世。虽然我失去了这位人生中非常重要的朋友，但他教给我的知识和经验，永远是我人生中最宝贵的财富。

强 势

什么是"社交网"？什么是资源？我一直在想这个问题。它们并不是简单的名片交换或餐桌上的寒暄。有些看似光鲜亮丽的"资源"，或许只是表面的浮华，难以经受时间的考验。

真正有价值的资源是很稀缺的，撒胡椒面式的交往没有意义，不是说通过朋友搭桥和对方一起吃个饭，这个资源就是你的了。润物细无声，资源，是需要时间去培育、去深化的。就好像养花一样，只有当你用心去浇水、施肥、修剪时，才能看到美丽的花朵，收获受益终身的芳香。

◇

所谓的"资源共享、资源整合"，其实是个颇具误导性的概念。互相匹配的资源才是最好的资源。如果你自身没有价值，不能成为他人的资源，那你就不可能无目的地真诚与人交往。而贵人，又何尝看不到这一点？在这种情况下，你为了获得这个资源所做的一切都毫无意义。

我曾有幸链接到一个特别牛的资源。我为它付出了很多，投入了大量时间和精力，希望能够维系、打造、深耕这个资源。然而，在长时间的努力和挣扎后，我意识到这份资源或许从未真正属于过我。

所以，别急着去追求那些遥不可及的"大资源"，先想想自己手头有哪些可以精耕细作的小确幸。与其机关算尽，不如随遇而安，记住，最值得珍惜的资源往往是你能够携手合作、与之共同成长的伙伴。他们或许不显眼，但却能给你带来实实在在的帮助与成长。

那如何才能获得贵人的赏识呢？

我总结了一个"三行原则"。

首先，你自己要行。这是向上社交的根本。如果你自己不行，仅靠殷勤讨好，只会让对方看轻你。表面的热闹之下，隐藏的是卑微和不堪。"自己行"的表现多种多样，如有背书、有资源等，但靠山山会倒，最重要的是你自己有能力、有才学，这才是任何时候都不会翻车的坚强后盾。风口上的猪，飞得再高，变成肉饼也是早晚的事，长出自己的翅膀，自己强比什么都强。靠谄媚只能换得一时虚名，凭实力才能赢得长久尊重。所以，与其到处结交那些并不真心待你的朋友，不如把时间和精力用在提升自己上。

其次，有人说你行。他人一言，胜于自己的千言万语。就像你跳槽到一家新公司，对方做背景调查的时候，你前领导的一句好评，远胜你简历上冗长的优势介绍。所以，不要总是盯着那些遥不可及的资源，先将自己身边的资源经营好，赢得他们的赞誉和支持。

最后，说你行的人行。依旧以跳槽为例，新公司做背景调查的时候，你前领导的意见肯定比普通的前同事的意见更有分量，这是不争的事实。与那些能够真正赏识你且自身实力过硬的人保持良好关系，无疑会为你的人生增添一份坚实的助力。

每个人的社交圈大致可分为两类：一类叫影响圈，另一类叫关注圈。影响圈，即通过我们自身的持续努力和提升，能够触及并产生实质影响的圈子，它才是个人资源价值的真实写照，是衡量一个人社会影响力的重要标尺。而我们经常会遇到这样的人，他们外表光鲜亮丽，一开口就吹嘘自己与某人很熟，仿佛这样就能彰显自己的不凡。他们传递出一种信号：自己的关注圈非常厉害。他们的话语间，常常流露出对他人光环的盲目追逐。殊不知，这种表面的炫耀，往往暴露出内心的不安与缺失，因为，人们往往最渴望展现的，正是自己匮乏的。

我们不仅要学会辨别真伪，不为外界的虚华所惑，还要深耕影响圈，通过实际行动提升自己的影响力，而非沉溺于关注圈的泡沫之中，盲目追求那些虚无缥缈的认可与光环。价值，不源于价格，而源于实力的沉淀。

◇

我曾经历过一件很有意思的事情。有一年妇女节，应朋友之邀，我参加了一个饭局。去之前我就知道，自己属于"陪客"，饭局的主角是一位中医传承专家，他即将去一所新成立的大学当校长，这顿饭是为他饯行。为了突显他的地位，同桌的"陪客"都是有一定社会地位的人，大家对这位即将上任的新校长的期望值也特别高。而他很显然也很享受这种众星捧月的感觉，端足了架子。

然而，饭局还没开始，气氛就变得有些尴尬。当他到场时，东道主向他介绍我："这是我们芜湖的著名网红，拥有千万粉丝。"他立刻皱起眉头说："网红可不好，不能做网红，你有这么多粉丝，很危险的。"我顿感尴尬，东道主忙解释："他是网红企业家。"他不依不饶："你搞企业就好好搞企业，做什么网红。"我只好补充了一句："我不是企业家，只是在企业工作而已。"他没再说话，递了张名片给我。我一看，上面密密麻麻列了十几个横跨诸多领域的头衔，其中不乏以"世界"开头的。我心里不由"咯噔"一下，暗想：人一辈子能专注做好一件事已属不易，那么多事，他能都做好吗？

他理所当然地坐在了主座，然后开始了他的高谈阔论。他口若悬河，仿佛天下事无不知晓，别人根本插不上话。我本想趁妇女节的契机，给在座的女士送点儿小礼物，来点儿仪式感，可我多次刚站起来准备说话，就被他打断了，仪式也只得草草结束。

酒过三巡，他开始丑态百出，不停闹着要给某专家、某名人打电话，似乎全世界没有他不认识的人。但在我看来，如果他真

　　　　　　　　　　　　　　　　　　　强　势

有那么多的资源，恐怕不会如此轻易示人。

晚上九点多，有几个人说自己有事就提前走了。东道主就提醒他："您看咱们是不是也可以散了？您 22:50 的高铁，现在出发去车站时间正好。"他却不耐烦地一甩胳膊，说："时间还早呢，你催什么！"接着竟开始脏话连篇，讲的内容也俗气冲天，一点儿中医传承专家的风度也没有了。

对我来说，这种人就不值得结交。如果厉害的人德行有亏，那他越厉害，影响就越坏。

在我看来，越有大本事的人往往越低调内敛、含蓄厚重，他们或许不善言辞，但却蕴藏着强大的力量。

◇

不是所有的关系都值得你花精力去维系和经营，一定要择善而交。两个标准：做事靠谱，做人善良。

有些人看起来情商极高，说起话来让人极致舒服，但一遇到事，跑得比兔子还快。这样的人没有担当，擅长见风使舵，也容易翻脸不认人。如果你身边有这样的人，一定要小心识别，别被他们的外表蒙住了双眼。你会发现，通常越是声称对世事皆不挂怀之人，实则内心计较越多，越是轻易许诺的人越不可信；反而是那些坚守原则、不轻易承诺，即便偶有脾气比较大，但也透露出真性情与责任感的人，更值得我们去珍惜。

看一个人善不善良，首先要看他对身边的人，特别是亲人的态度。如果一个人对至亲都不善良，又怎么可能对朋友真心实意呢？此外，我们还要看他处理事情的方式。有的人会努力创造双赢甚至多赢的局面，这是能人；而那些只知利己甚至损人利己的，则是小人；更有甚者，损人不利己，这是蠢人、恶人。

◇

不少人都说过，在人的一生中，一定要结交以下四种朋友。

首先是挚友。他们通常是你的发小，一起光屁股长大的朋友。无论你们日后财富多少，地位高低，与他们在一起时，你总能抛却一切束缚，畅快地喝酒撸串，甚至吵吵闹闹。这种交情，是吵不散、打不断的。不过虽然他们了解你的欲望，可以陪你放纵，但却无法触及和滋养你的灵魂。他们知道你是谁，从哪里来，却不知道你会是谁，将到哪里去。

其次是知友。他们很懂你。在你颓废的时候，你可以找他们倾诉悲伤；当你迎来高光时刻，也会第一时间想到与他们分享喜悦。他们因你的忧伤而忧伤，因你的快乐而快乐，可谓是你灵魂的伴侣。虽然他们可能不知道你的来处，但却清楚地知道你未来的归处。

　　　　　　　　　　　　　　　　　　　　强　势

再次是诤友。他们总是直言不讳，甚至时常跟你针锋相对。在你风光无限时，他们会给你泼冷水，提醒你保持谦逊；在你失意时，他们会毫不客气地指出你的不足，虽然言辞犀利让你很不舒服，但细思之后你却会发现他们说得很有道理。在关键时刻，他们会毫不犹豫地伸出援手，帮助你的同时也会让你牢记教训。他们是你拥有时或许不懂珍惜，但一旦失去就会深感痛惜的朋友。他们可能不知道你是谁，也不知道你能到哪里去，但他们知道你不能是谁。

最后是畏友。他们学识渊博，道行深厚，资源广泛，甚至睿智得令人生畏，就像我认识的那位老领导。他们或许不知道你是谁，从哪里来，要到哪里去，但是他们知道你会是谁，并帮助你成为你终将成为的那个谁。

朋友不在于多而在于精。随着你的成长，平台的提升，以及资源的积累，请务必对人际关系进行适当的断舍离。你要远离那些不能给你添彩，反而总是给你添堵，甚至添祸的人。这样做，并非冷漠无情，反而意味着成熟与自我保护。它让我们能够集中精力，去维系和深化那些真正能够相互成就、共同进步的关系。想象一下，你手里紧握着满满一把沙子，握得越紧，流失得反而越快。在不合适的关系中，你会发现自己越是努力想要抓住些什么，越是疲惫不堪，最终还可能什么都留不下。

如果你还是感觉很不好意思，可以想一想，当这些仿佛慢性毒药一般的关系恶心你、伤害你的时候，这些人又有没有不好意思甚至不忍心呢？就好像做人不能愚孝和愚忠一样，有时候也不能愚情。

人生短暂，不必将就，更不需强求。

互相匹配的资源才是最好的资源

有些看似光鲜亮丽的"资源"

或许只是表面的浮华难以经受时间的考验

择善而交

的两个标准

做事靠谱

做人善良

无知无畏是少年意气

有知无畏是英雄气概

提高强认知：
成就的上限，就是认知的上限

一棵树能不能笔直高耸地茁壮成长，根基的稳固特别重要。而一个人的底层认知，便是他人生的根基。

我的底层认知受母亲的影响很大。

那又是一次刻骨铭心的挨揍。

我们村有一个橘子园，橘子大规模采摘之后，总会遗留一些没摘到的果子，而这些"漏网之果"就是默认可以被孩子们瓜分的。

一天，我和小伙伴放牛回来，发现园中还有很多品相上佳的果子挂在枝头。那些橘子，颗颗饱满，色泽鲜亮，我们满心欢喜地各自摘了一篮子回去。我想着母亲肯定会高兴，毕竟这些橘子不仅是免费的，而且品相还都很好，满满的一篮子，看起来很诱人。

然而，回去之后，母亲看到橘子却先是惊讶，随后眉头紧锁，问我："这些橘子，你是从哪里得来的？"我理直气壮地回答："就在村头的橘子园啊，好多挂在树上没人要呢，我就多摘了些回来，现在还有很多呢！"

话音未落，我的屁股就挨了一记响亮的巴掌，母亲狠狠地揍了我一顿。那是母亲少有的严厉。她沉着脸告诫我："这样的行为，是绝对不能容忍的！"批评罢，揍罢，她不由分说地揪起我，一路小跑上了山，找到了橘子园的主人，将那些橘子一一归还，并诚恳地道了歉。

那时我才知道，其实这片果树人家还没有采摘，母亲以为我看到好橘子动了"邪念"，偷了人家的橘子。

虽然被揍得有点"冤"，但挨了打我就知道了，这种事情是绝不能做的。

试想，如果我妈当时笑眯眯地说"好孩子，真会过日子"，那我很可能"备受激励"，然后朝一个小偷小摸的坏小子方向发展。毕竟"不知道于是拿了""假装不知道于是拿了""趁人不注意偷偷地拿了"之间的界限是很微妙的。很多时候，底线不是被一点点突破的，而是可以被一下子突破的。

母亲那次狠心的教育，让我知道哪些事儿能做，哪些事儿绝对不能碰；也让我意识到，父母在孩子小时候进行的底层教育特别重要。母亲对我的底层教育主要围绕两点：一是善良，二是孝顺，而且一定要有底线，不好的事情、问心有愧的事情坚决不做。这也成就了我人生的底色，无论我做什么，走多远，这个底色都不会变。

◇

从外企离职后，我和别人合伙开了一家公司。这是在当时的多个备选项中，我唯一付诸行动的选择。

然而，在公司里，我并不负责具体的事情，而是把资源交由合伙人全权负责。那时，我并没有把事业视为生活的重心，每天不是在打高尔夫球，就是在去球场的路上。每周末我会去公司签署一堆文件，然后就匆匆奔向球场，仿佛那才是生活的真谛。直到 2014 年，公司因应收账款问题陷入困境。

我觉得人生到了再次调峰变轨的时刻。打了那么多年的高尔夫球，跟我打球的人年龄都比我大，他们早就退休，他们功成名就。而我，一个还不到 40 岁的年轻人，却似乎提前过上了这种安逸但一眼望到头的生活。这种感觉特别不爽。

再望向身边，还有一群多年来不离不弃、跟随我共同奋斗的兄弟。他们肩负着养家糊口的重任，好多人还没有在北京买房。他们需要一个能施展才华、实现自我的平台。

我内心又涌动起前所未有的力量与决心——放下球杆，干企业！

◇

如同当初我正干着教师，一拍脑袋"下海"一样，冲动是魔鬼，也是天使。放下高尔夫球杆，同样是一个痛苦的决定。作为一名狂热的高尔夫球爱好者，这对我来说如同戒烟一样艰难。但为了创业，我不得不放弃这种悠闲的生活方式。

打球就专心打球，干企业就专心干企业。

◇

回到企业经营中，我察觉到中央空调的市场已陷入一种无序竞争的状态。我突然想起曾有一位高尔夫球友在球场上推广新风机。那时，新风系统还是个非常新的概念，而且当时的北京雾霾比较严重，这个市场就慢慢兴起了。

我萌生了向新风行业转型的念头，但也深知不能盲目行事。于是，我先给自己家里安装了一套新风系统。使用之后，家人纷纷表示体验感很好。在北方干燥的冬季，新风系统能给室内带来清新、洁净且富含氧气的空气，让人感觉很舒服。母亲更是感慨地说："自从来到北京，这么多年都没睡过好觉。昨天晚上终于睡了个好觉。"这让我对这个产品的前景充满了信心。之后，我又去日本做了调研，参观学习了多家新风企业及产品。

综合考虑之后，我决定转型到新风行业，二次创业！

◇

对一个基本实现财富自由的人来说，二次创业的道路依然充满挑战。其中，身体的耐力是首要考验，其次是心理承受力。众所周知，创业是一条血路，要求人凝神静气、坚定不移，抵御各种诱惑，不给自己任何松懈的理由，同时还需要源源不断的动力和持续的激情，我还能做到吗？

为了验证自己的身体状况和毅力，同时也为了满足自己对西藏的向往，我决定自驾去一趟西藏。

有人说，去西藏需要长达半年的准备，包括体能训练、心理调适等各方面的准备，而我却把它当成了一次说走就走的旅行。

飞到成都，与一群兄弟围坐着吃火锅，与其说接风，他们更像是为我壮行！大家讨论最多的还是潜在的危险：有人讲述了四个人去只回来两个人的惊险故事，有人提到了高原反应、缺氧、严寒等种种挑战……此时，我才开始感到一丝紧张。

但，来都来了！

进藏之路从一开始就充满了惊险。

当年川藏线汽车兵流传一句话："车过二郎山，像进鬼门关，侥幸不翻车，也要冻三天。"二郎山老路的艰难是显而易见的。狭窄的道路、急转弯、陡坡、冰雪路面以及潜在的泥石流风险无处不在。右侧是凶险的雅鲁藏布江，左侧则是悬崖峭壁，悬挂着一块块随时可能滚落的巨石。路边被巨石砸中的汽车让我们时刻感知到死亡的威胁。尽管帮我们开车的藏民司机不断宽慰我，我内心还是不住地后悔当初的冲动。要不是车内空间有限，我真想拍着大腿说，我早知道不来了！生命在那一刻，似乎只能寄希望于运气。

幸运的是，我们一路平安顺利。一路上，我们不仅见证了自然的伟大力量，也见证了那些虔诚的朝圣者的笃定与坚毅。终于，我们抵达了西藏，站在神圣的布达拉宫前，我们喜极而泣。

在海拔 5018 米的米拉山顶，我展开了赫为的旗帜，上面写着"赫为新风，世界高峰"。这句运用了谐音的广告词虽然显得不那么上档次，却寄托了我对赫为的期望。

这次西藏之行不仅是一次冒险之旅，更是我孕育赫为的创业之行。二次创业，身体没问题，旗帜竖起来，说干就干！

振臂一呼，应者云集。

创业之初，本着初心，我将公司的核心团队成员全部发展成了股东。有些人因刚买房或其他缘故暂时拿不出钱，我借钱也要让他们加入进来，成为公司的创始股东。大家真金白银地投了钱，成了名副其实的股东，就会自然而然萌生主人翁的责任感。事实证明，这一举措在我们后期艰难的创业历程中，发挥了至关重要的作用。

公司成立后，我们迅速组建了一支高效的队伍，设计产品、规划市场、制定目标、宣传品牌……我们如同精密的齿轮，紧密咬合，共同推动着赫为这艘船破浪前行。短短三个月时间，我们就成功推出了赫为的首款产品——这是许多创业公司都难以想象的惊人速度，但我们做到了！

2017 年 11 月 19 日，新品发布会现场，预订赫为产品的总金额迅速突破 500 万元大关，这不仅是对我们产品的认可，更是对赫为未来无限可能的期许。这一天，成了赫为的生日，而那500 万元的首期货款，则成为赫为扬帆起航的壮行礼。

新风行业的高光时期应该是 2016 年。那时，新风产品根本不愁销，甚至因为空气质量不好，消费者可以说是"恐慌性"地购买。然而，这也导致了整个行业价格混乱，产品品质参差不齐。仿佛一夜之间，所谓的新品牌就如雨后春笋般冒了出来。在那种生产跟不上销售的狂热氛围中，几乎每家企业都备足了货。但好景不长，经历了 2016 年的高光时刻后，新风行业迅速陷入了市场的寒冬。

赫为正是出生在这样的逆境中。

有一天，我的一个球友问我："老邓，现在北京的蓝天越来越多了，雾霾越来越少了，你还做新风系统干什么呢？"他的话让我意识到，关于新风行业的认知还需要进一步普及，消费者教育需要加强。

新风系统，是一种能够真正解决室内污染问题的产品。要知道，室内污染绝不只有雾霾那么简单，新风行业不是一个靠天吃饭的行业。但遗憾的是，雾霾来时，人们手忙脚乱；雾霾走了，人们又恢复了往日的悠闲。

为了改变这一现状，我们决定主动出击。我们联合中华全国妇女联合会、全国老龄工作委员会等权威单位，共同发起了"赫为新风中国行"活动，向广大消费者普及新风知识，揭示室内污染的严重性，以及甲醛、苯等污染物可能导致的健康问题，如白血病、缺氧……

北京、天津、石家庄、太原、西安、成都、重庆、南昌、南京、上海……我们的足迹遍布大江南北，基本走遍了全国的直辖市和省会城市，举办了 20 多场"赫为新风中国行"活动，直接向 2 万多名终端消费者传递了新风知识。特别是在北京，我们坚持每月一次的宣讲频率，直接或间接向十万余人普及健康生活观念。毕竟，行业的繁荣，离不开每一位群众的理解与参与，他们的支持是我们前行的最大动力。

◇

创业公司，老板的认知就是企业发展的天花板。要想带领赫为走得更远，我必须提高自己的认知和格局，为此，我去清华大学经济管理学院读了管理类硕士。

在那里，我深刻领悟到，企业核心竞争力，很大一部分就体现在那看似简单的"成本"二字。

诚然，技术、人才与团队是企业发展的三大支柱，然而，一切努力与投入，最终都需要通过成本控制来体现其价值。在我看来，技术的不断升级与迭代，效率的持续提升，都是为了在保持甚至提升产品品质的同时，最大限度地降低成本。

试想，当一位工匠从月产一台机器跃升至月产两台，这不仅仅是生产能力的提升，更是成本结构的优化。成本减半，意味着企业在市场价格战中拥有了更大的灵活性与利润空间。真实的商战就是这么朴实无华且枯燥，当竞争对手以 100 元的售价挣扎求生甚至亏损时，你卖 90 元还可以赚 10 元，你说你的生命力强不强？

成本控制可以说是一门艺术，这一认知触发了赫为的第二次转舵，但那是另一个故事。

◇

有这么一个段子：有个人养了一条鱼很多年，有一天，鱼突然死了，多年的感情让他打算好好送这条鱼最后一程，他决定土葬这条鱼，但转念一想，又觉得土葬可能会被老鼠或猫掘坟，还是火化更安全。然而，当炽热的炭火燃起，鱼的香味四溢，他竟不由自主地去买了一瓶啤酒……

有些事，刚开始时是个美好的愿望，但最终的结果却常常出人意料。回首当初，我的梦想是在县城里做一名人民教师，安稳地教书育人。随着时间的推移，我的梦想逐渐改变，先是梦想成为"销冠"，后来梦想打一辈子高尔夫球。而如今，我却成了一家企业的创始人和董事长。

每一次梦想的改变，都源自认知的提升。

人一定要能够客观评估自己，不要轻易受到他人的影响。如果别人不把你当回事，你就要把自己当回事；如果别人把你当回事，你就不要太把自己当回事。同样，不要太把别人当回事，也不要把别人不当回事。如果你太把别人当回事了，别人可能就不把你当回事了。你不太把别人当回事，别人反倒可能会把你当回事。

我们都享受那种如高山般被人仰视的感觉，享受高光时刻如众星捧月般的待遇。但是，当你跌入谷底的时候，可能会深刻感受到世间的现实和残酷。改变他人很难，改变自己也很难，但很多时候，改变自己才是命运给你的唯一选项。

傲慢源于浅薄，狂妄源于无知。

去的地方多了，就会走出地域的偏见；见的人多了，就会走出身份的偏见；读的书多了，就会走出时代的偏见；经的事多了，就会走出认知的偏见……

见天地而知敬畏，所以谦卑；见众生而知怜悯，所以宽容；见自己而明道义，所以豁达。

一定要有

底线

不好的事情

问心有愧的事情

坚决不做

赫为新风

世界高峰

每一次梦想的

改变

都 源自

认知

的

提升

就这么简单

进一步海阔天空
退一步万丈深渊

锻造强实力：
行动是成为强者的唯一方法

行稳方能致远。然而，若途中遭遇阻碍，我们又该如何应对？自救！

只有自己才是自己的救命稻草，等着别人来救自己，这样的行为就像是在沙滩上建城堡，海浪一来，所有努力便化为乌有。

创业，其实就是一个不断试错、不断纠错的过程。在这条路上，我们全力奔跑，但有时也需要停下来，让灵魂跟上。毕竟肉体跑得太快、灵魂跟不上，那便成了"行尸走肉"。

初创企业最大的优势在于"船小好调头"。赫为发展到今天，经历了三次"转舵"。回望过去，我深刻地意识到，快速的反应与果敢的行动才是制胜的法宝。每当风险逼近，我们总能迅速应对。

◇

第一次转舵：将企业从面向消费者的 to C 业务快速调整为面向商业客户的 to B 业务。

赫为第一次新品发布会上推出的两款产品，都是直接面向 C 端的柜式新风机。然而，我们很快发现，to C 业务的推进举步维艰。一个新生的品牌，如果没有资本的助力，没有强大的渠道，很难在竞争激烈的 C 端市场立足。品牌知名度不够，服务保障体系、供应链以及销售网络的不完善，导致我们每多卖出一台产品，就可能多失去一个客户的信任。此外，中国的消费者非常注重实际效用，而新风系统所带来的空气质量提高并不像饿了吃饭就能管饱、渴了喝水就能解渴一样明显，相对而言属于看不见也摸不着的那类，因此，只有在雾霾严重的时候，消费者才会考虑购买，一旦空气质量转好，新风产品的市场需求就会立刻锐减。这对 to C 的新风品牌而言，无疑是致命性的打击。我敏锐地察觉到，如果继续往这个方向走，我们就会走进死胡同。

发现问题，立马调整。我和我的团队信奉，能今天干完的活，绝不拖到明天。

2018 年 3 月，刚过完春节，我们就立刻着手调整。依托团队之前在中央空调行业的优势和积累，我们决定将赫为的 to C 业务暂停，迅速转向 to B 领域，专注于研发大型商用杀菌洁净新风机。鉴于我们原有的 C 端产品生产线位于深圳，难以满足 B 端产品的特殊需求，我们迅速在南京寻觅并确立了新的合作工厂，实现了无缝衔接。

先搭架子，解决从无到有的问题，至于从有到优，怎么装修后面再说。

经过不懈的努力，我们的技术研发人员用了不到三个月的时间，便成功研发出多款大型商用杀菌洁净新风机。可以说，我们用三个月的时间擦亮了赫为的名片，如果说赫为原本只是套了条"短裤"，那现在怎么也得是穿上"西装"了。

相较于分散多变的 C 端市场，B 端市场的精耕细作让我们能够更精准地聚焦资源，通过重点攻克数个标志性项目，实现了销售额的迅猛增长。同时，我们深知优质服务是品牌长青的基石，因此同步升级了服务体系，确保每位大客户都能享受到专属、专业的配套服务。大额订单的涌入，让我们有足够的资源投入，为客户提供一对一的定制化服务，极大提升了客户满意度，进一步巩固了赫为在 B 端市场的领先地位。

◇

有时候，成功的路上并不拥挤，只要活下来就击败了很多人。

我们努力为赫为产品在新建工程和改造项目中开辟市场。很快，我们与湖南一家品牌达成了战略合作，为其旗下所有门店改造杀菌洁净新风系统，由此带来了每年超过 1000 万元的稳定订单。同时，我们还积极拓展了一些小而美、短平快的项目。凭借我们在 to B 业务领域的专长，我们的团队进一步吸引了几个重要的战略合作客户，为赫为赢得了宝贵的发展机遇。

对于初创企业来说，活着是首要任务。我们做到了，赫为站稳了脚跟。相比之下，有些新风品牌坚持 to C 市场一条道走到黑，让投资者损失惨重，最终难以为继。

回溯至 2018 年，一位来自国内顶尖投资机构的资深人士，基于多年与我在高尔夫球场积累的深厚友谊和对我个人品质的了解，主动抛出橄榄枝，表达了对赫为的浓厚兴趣与投资意向。他高度认可我的稳健作风与赫为的发展潜力，甚至想跳过尽职调查程序，和我直接进入估值讨论的实质阶段。然而，在关键时刻，出于对赫为长远利益的考量，我婉拒了这笔价值数千万元的巨额投资。

原因在于对方坚持要求"一票否决权"，这一条款，与我们保持独立决策、稳健前行的企业理念相悖。拿人手短，要是拿了投资人的钱，再加上朋友关系，我压力肯定会特别大。最重要的是，以后做起事情来有可能会被掣肘，于是我还是放弃了这次投资机会。

这一决定，虽然艰难，却彰显了赫为坚持原则、勇于说"不"的魄力与智慧。

如今回想起来，这份初心反而成就了赫为。如果当时我接受了那笔投资，赫为或许就只能在 to C 的暗道上狂奔，直至坠入山谷。

第二次转舵：投资建设赫为环保产业园。

在深耕 to B 领域的同时，赫为明智地保留了部分 to C 业务，"凡事留一线"也是一种宝贵的生存哲学。当时赫为的情况是，总部在北京，B 端产品工厂在南京，C 端产品工厂在深圳。这种"三地分居"的情况如同一条无形的锁链，束缚着我们的效能与效率，推高了运营成本，也制约了赫为市场竞争力的提升。

在与同行的竞争中，赫为的处境颇为尴尬。成本下不来，价格就下不来。做实业，每一分利润都需要从精细管理中"榨取"，任何环节的松懈都将是利润流失的缺口。此外，to B 市场的特性要求我们展示强大的制造实力与可靠的品质保障，而南京工厂的展示效果与参观体验的不足，无疑成了我们拓展业务版图的绊脚石。

2019 年 3 月，我召开了一次董事会，直接提出："我们必须自建工厂，掌握核心命脉！"这一提议遭到了董事们的质疑与反对，财务困境与经济环境的不确定性正像两座大山压在我们肩上。公司并不乐观的财务状况，让我们几乎没能力投资建工厂，当时的经济环境也让大家对于重资产项目的投资非常谨慎。外界的声音也大多持保留态度，即便在清华大学的校友圈中，也鲜有支持的声浪。

然而，我坚信，听不同的声音，做自己的决策。有的人之所以"听了很多大道理还是过不好这一生"，就是因为他把别人的道理直接生搬硬套在了自己的头上。

我当时想的是：我一定要干这个事，不然赫为肯定会死掉。成本不降，则竞争力不存；无实体工厂，则难获客户信赖。这不是求发展的改善性需要，而是活下来的刚需。

同时，我还有一个更朴素的想法，就是要做一些固定资产投资，有了自己的厂房，就不会再感觉总是像浮萍一样无依无靠。

我跟另外两个合伙人说："赫为就像我们的孩子，既然早晚都要娶媳妇，那咱现在准备个房子，就是一个非常朴素的需求。听我的，咱们干！"虽然他们仍有些犹豫："等多赚点钱再干行不行？"但我最终还是说服了他们，难道非要有了"好媳妇",再现造"房子"?

◇

赫为一直有很强的行动力。

我们考察了好几个地方,最后选择芜湖可谓是"无心插柳柳成荫"。在考察完南京之后,我们原计划去合肥,中间要路过芜湖。碰巧的是,我有一位清华的同学在芜湖一家知名汽车企业做高管。当我给他打电话说我要去合肥考察,准备建个工厂时,他立刻就说:"你来芜湖看看吧。"就这样,我以探访好友的心态顺道去了芜湖。

芜湖市政府的反应特别快,行动力也很强。兴许是我的同学提前与当地政府进行了沟通,我一到芜湖就受到了热情的款待。当天下午,他们就带我去看地,其间还介绍了芜湖的人文历史与经济发展状况等。虽然当时我觉得在芜湖建厂的可能性不大,但政府招商的热情态度、高效的行动力以及鲜明的战略意识给我留下了深刻的印象。

离开芜湖之后,我们去了合肥考察。虽然当时我内心还是更倾向于合肥,但并没有着急做决定。之后我回到北京,在和几位朋友一起打高尔夫球时,偶然发现其中有两位都在芜湖办了工厂。交流中,我发现他们都非常认可芜湖,对芜湖的营商环境赞不绝口,还提到政府的积极性高,对企业各方面的支持力度也很大。这再次激发了我对芜湖的好感。

为了进一步了解，我不仅特地挑选了一家芜湖当地的企业进行实地考察，还广泛联系了几家企业进行沟通调研，希望实打实地深度考察芜湖的营商环境，收获最真实也最鲜活的一线评价。一系列调研后，我内心的天平其实已经向芜湖倾斜了。

第三次到芜湖的时候，我心中已有了比较明确的意向。原本只打算在芜湖建一个工厂，但在与当地政府深入交流之后，我直接决定将赫为总部都搬过来。一起吃饭的时候，新厂区负责人诚恳地提出："邓总，我们之前谈得都差不多了。我还有一个小小的请求，你把总部搬过来行不行？"说完，他举起酒杯，连干三杯，以示诚意。后来我经常开玩笑，说是三个"雷子"把赫为总部"炸"到了芜湖。然而，玩笑背后，其实是芜湖市政府那份难能可贵的真诚与高效的执行力，深深吸引着我，让我在深思熟虑后做出了这个非比寻常的决定。

◇

选择合作伙伴无异于寻觅人生伴侣，外表的光鲜终是浮云，唯有心灵契合方能长久。

芜湖之所以能在众多选项中脱颖而出，成为我的不二之选，源于其多方面的魅力：其一，芜湖卓越的营商环境为我们构筑了企业发展的坚实后盾；其二，这座城市与赫为的业务版图完美契合。为什么这么说？芜湖曾是安徽的经济领头羊，经济底蕴深厚。从区域位置来说，芜湖更靠近华东地区，紧邻南京、上海、无锡、宁波、杭州、苏州等城市，这让芜湖能够轻松拥抱华东沿海发达的商业文化与开放灵活的思维方式。更令我欣喜的是，这里的产业生态链完整而强大，电机、风机、钣金等关键供应链资源，近在咫尺，为我们的生产运营提供了极大的便利。而芜湖政府给予的优惠招商政策与无微不至的支持，更是如同春风化雨，滋润了赫为这片创业的沃土。

这一切的一切，都让我坚信，遇强则强。芜湖，选对了！

◇

回顾 2021，我给公司提出的年度目标是"两规两转"。所谓两规，即"规范化"与"规模化"；而两转则代表我们要"从贸易思维转向工厂思维，从价格思维转向价值思维"。尽管这个目标有点务虚，但它确实指出了我们急需改革的方向。

迈入 2021 年，赫为在芜湖正式投产，标志着公司进入了一个新的发展阶段。

此时我的压力主要来自我们的团队。由于创业初期的股权架构，我的核心团队成员大多是创始股东，所以一个没落地全都到芜湖来了，这让我深感责任重大。

作为一个创始人，大家为什么愿意跟着我？一方面是因为共同的利益关系——当时的股权架构确实发挥了关键作用；另一方面就是对我的信任。他们常说："跟着董事长，没有干不成的事。"这一路上，我肩上扛着的不只有公司的未来，还有兄弟们沉甸甸的信任和期待。这让我信心爆棚的同时也倍感压力。我已无路可退，而没有退路的路，就是成功之路！

在团队"迁徙"的过程中，当地政府的人才引进政策给了我们极大的支持。原本我有资格被评为 A 类人才，买房子可以补贴150 万元。但考虑到团队的整体情况，我和政府方面沟通商量，看是否可以放弃一个 A 类人才名额，申请获得三个 B 类人才名额。这样一来，即使我个人不能享受 150 万元的补贴，但我们团队里符合标准的其他优秀人才能各自享受到 80 万元的购房补贴。此外，还有其他符合要求的团队成员被评为 C 类人才，获得了相应的补贴。这样，很多兄弟都在芜湖买了房子安了家，团队也就稳定下来了，最大的难题得到了解决。

在芜湖这片热土上，赫为的种子正悄悄发芽，茁壮成长。

◇

第三次转舵：砍掉房地产新风业务，切入 to F 业务。

2021 年投产后，赫为又遇到一个瓶颈。

疫情防控期间，为了保量、保生产，我们打入房地产新风市场，成为国内多家头部地产企业的首选新风系统供应商。然而，思前想后，我还是决定砍掉这块房地产新风业务。

做出这个决策的过程极其艰难，阻力特别大。那时，我们的新工厂刚刚投产，急需稳定的业务支撑。市场刚有起色，好不容易找到有奶的娘，"咔"，砍掉了，断奶了。接下来的业务在哪里？员工的工资怎么办？这些都是摆在我们面前的现实问题。亲手斩断这条"生命线"，砍掉一年一亿多元的订单，我深知这一刀落下，意味着何等的牺牲。

但更令我无法容忍的是，那种牺牲尊严、受制于人的"卑躬屈膝"式合作模式。

做了房地产新风业务，我们就需要维持稳定的生产，这占据了我们很大的业务精力，就导致我们很难再承接其他业务。没有新订单，我们就没法建立起强健的供应链，而没有供应链的支撑，我们的产品价格自然就没有竞争优势——这是一个恶性循环。

另外，房地产新风业务的利润空间本就有限，商务条款还极其苛刻，一不小心就可能赔钱。而最让我无法接受的是对方恶劣的付款条件——先干活，至于什么时候结账却充满不确定性，要靠感情靠缘分，归根结底是要靠后期公关。

我宁愿待着不动，也不愿主动地掉到这个坑里。

在供应链脆弱、利润空间微薄、付款条件恶劣的多重夹击下，我选择了"壮士断腕"，以维护企业长远发展的尊严。

无论是一个人，还是一个企业，都需要有尊严地活着。而这份自恃的尊严，却让我们不经意地规避了房地产企业"爆雷"的风险。

◇

先开枪，后瞄准。开枪后，你才能知道敌人在哪里。

赫为的成长之路，似乎一直没有走上过什么天上掉馅饼般的坦途，而是一直在曲折蜿蜒的小径上前行。当然，很多看起来天上掉馅饼的美差，其实是天上掉陷阱的障眼法。走羊肠小道，辛苦但安全。

◇

砍掉房地产新风业务之后，我们迅速切到了 to F 业务，也就是面向洁净工厂、洁净车间的业务。这也是我们现在的主营业务。为什么选择切入 to F 业务？原因有多个方面。首先，这类业务的订单规模比较大，随着新的环保标准的实施，实体企业在建工厂时必须进行节能改造和升级，以实现生产环境的净化。在这一过程中，新风系统是不可或缺的刚需设备。其次，工厂通常相对信誉良好，稳定性强，谁也不可能今天投资建厂明天就倒闭跑路。

然而，促使我最终做出决策的关键因素在于，我们在商务谈判中拥有更多的主动权，因为我们的技术较强，能够为客户提供定制化的产品，并要求在生产前支付 30% 至 50% 的定金。通常情况下，我们在发货前能够收到全额或至少 95% 的货款，这使得我们的资金流更加稳定可控。另外，to F 业务的可持续性也比较强，随着客户工厂的扩建，我们可以继续深化合作。同时，售后服务管理的集中性也为我们提供了便利。基于以上种种原因，我们决定切到 to F 业务上。

我在做决策时有一种特别的能力，姑且称之"前瞻视野"。其实就是打算做一件事之前，我要预演出多种潜在的发展情况与可能遇到的挑战。这样做，并非仅是为了规避困难，而是主动出击，利用这份预见性去精心布局，从容不迫地将事态的发展引导至一个更加积极、有利的方向。

所以我不会纠结于某个决策在当下是否正确，因为我相信，只要边干边调整，就一定能把我的决策做成正确的！

to F 业务固然优势众多，但作为行业新兵，我们想立足却很难。现实的门槛冰冷而坚硬，商谈这类业务时，对方的第一句话往往是："你们的成功案例有什么？"毕竟，大多数人都不想做

"第一个吃螃蟹的人"。怎么实现零的突破？这时候，就要看老板的力量了。

我并没有盲目撒网或上门推销，而是通过调动资源精准识别出合作方的确切需求，然后再进行有针对性的对接。在初创企业中，老板往往是最有实力、最有资源的那个人，否则他也不可能成为老板。所以我一直说，初创企业的老板是最重要的销售员。

2022 年的盛夏，我们签下了第一个订单，有了第一个案例。像第一缕曙光穿透云层，有了案例，我们就可以写样本介绍。慢慢地，第二个案例，第三个案例……到了同年 12 月，我们已经积累了将近 10 个案例。而到了 2023 年年底，这一数字已飙升至近 100 个。

真的很不容易，也真的很厉害。

◇

经常有投资人问我："你们的五年规划是什么？你们的资本规划是什么？打算几年上市？"面对这些问题，我有时会感到茫然……我没法给赫为做五年规划。1998 年弃教经商的时候，我曾给自己做过五年规划，但后来发现现实变化太快，就将规划周期缩短为三年。而如今，我只做一年的规划，拥抱不确定性，灵活应变。

我们深知，在这个时代，任何宏大的规划都可能被瞬息万变的风向所颠覆。时代的一粒沙，落在个人或者企业身上，就是一座山。每一步都需谨慎，每一次选择都需深思熟虑，每一个决策都可能成为决定企业生死的关键。

进一步海阔天空，退一步万丈深渊。

三次转舵，似乎每次都有点"拍脑袋"，也有点无知者无畏。但回过头看，却深感庆幸。在这些转变中，行动力、判断力和前瞻性，缺一不可，缺少任何一项，企业都可能会死掉。创业，不是一场赛马飞奔的争先，而是一场骆驼穿越沙漠的坚韧跋涉！

赫为顽强地活了下来。一路上，不管是压力山大，还是诱惑满满，我们始终心无旁骛，坚守着一条不可逾越的底线——正常运营。

干就完了

干就成了

的 自己

才是 自己

只有

成功的路上并不拥挤

只要活下来

就击败了很多人

不要妄想征服
生命中的所有焦虑

没有人是靠
"完美" 成功的

践行强思考：
边干边像，快拳打倒老师傅

"我们要做短视频。"

听完我的话，品推部的小林猛地一愣，眉头紧皱："短视频怎么做？我们没有经验，没有设备，没有任何基础……"

干就完了！

2021 年 11 月 23 日，我们上传了"赫为强哥"的第一条短视频，一条只有 13 秒的短视频，剪辑很粗糙，文案很粗暴："干就完了！什么事说半天没用，边干边像。不干永远不知道怎么回事，一干就像了。"

快拳打倒老师傅。

本着真实记录我的创业故事、给创业者带来点滴启发、传播赫为品牌三个初心，不到两年时间，我们一个纯业余的团队，取得了令诸多专业团队都十分羡慕的成绩：视频播放量超过 60 亿次，其中 6 个视频播放量过亿，100 多个视频播放量过千万，全平台拥有超过 1200 万粉丝。

无心插柳柳成荫。

拍摄第一条短视频时，我们一没有团队，二没有资金投入，三没有专业设备，仅凭一部手机，就敢向短视频宣战。后来，我们才根据实际需要一点一点地添置设备，先是买了一个有线领夹麦克风，然后又换成了无线的。

当"赫为强哥"的粉丝数量突破 100 万的时候，为了给粉丝提供更高质量的视频，我们才购买了专业相机。同时，团队也在这个过程中慢慢组建起来。尽管 IP、出品人、制片人、导演和演员等诸多角色还是由我一人来担任，但剪辑、运营和直播助理这些工作逐渐有专人负责了。虽然我们的团队仍然业余，但至少已经像那么回事儿了。

◇

母亲常说："看花容易绣花难。"

刷视频容易，做视频难，坚持做视频更难，"上热门"更是难上加难。初期我们非常艰难，发布的作品几乎没有流量。即便如此，我们依然坚持内容为王，不矫揉造作，不哗众取宠，认真做好每一条视频。

不懈，不慌，不卑，不亢。栽得梧桐树，凤凰自来栖。

坚持做视频的第 22 天，我们发了一条标题为"又到发薪日"的视频，一下子火了。视频讲的是我们创业之初的一件真事。

当时，公司外部的项目款迟迟没收回来，导致账上没钱发工资。财务跟我说，资金缺口将近 20 万元。作为创始人，公司遇到困难的时刻就是我挺身而出的时候。我毫不犹豫地将 20 万个人积蓄转入公司账户，用来给大家发工资，并特别嘱咐把"孝敬卡"一起发下去。

"孝敬卡"是什么？赫为倡导孝敬文化，为入职一年以上的员工提供了一项特别的福利。具体来说，我们每个月会从员工的工资里扣 100 元，公司再补 100 元，这 200 元会专门汇给员工的父母，这就是我们所说的"孝敬卡"。随着员工入职年限的增加，孝敬卡的金额也会相应提高。入职两年就是个人扣 200 元，公司补 200 元；入职三年就是个人扣 300 元，公司补 300 元，以此类推，最高额度是个人扣 500 元，公司补 500 元。最高的情况下，每个月员工父母都能收到 1000 元来自赫为的孝敬费。

虽然财务告诉我，公司正处在创业期，资金紧张，这个月的"孝敬卡"延后发放或者不发放，大家也都是可以理解的。但我还是表示，一定要保证工资和"孝敬卡"如期发放，这不仅是我们对员工的一份承诺，更是我们作为企业的一份责任，一份对员工父母的"孝心"，这些叔叔阿姨甚至兄弟姐妹培养了出色的孩子，打造了赫为的脊梁，应该收到我们的感谢。

◇

这个视频带有一定的话题性，也比较真实。当天 17:30 发布之后我像往常一样没有再多加关注，然而，第二天一早醒来，我惊讶地发现手机被打"爆"了，好多未接电话和未读信息。

点开这些信息，发现它们说的都是同一个事儿——"你的视频火了"！

我迫不及待地打开抖音，震惊地发现那条视频的播放量已经一百多万了！毫不夸张地说，那时我的手指都是颤抖的。那一整天，我都处于特别亢奋的状态，紧盯着那不断跳动的播放量数据：100 万，200 万，300 万，400 万，500 万……数字一路飙升，最终竟然突破了 1000 万！这是我们第一条播放量过千万的视频，给我们带来了两三万粉丝。这也让我们感觉自己做的事是有价值的。作为内容创作者，如果创作的内容一直没人看，就成了纯粹的"自嗨"。自我陶醉式"独角戏"，没有任何意义。

之后，我们每三条视频中就至少有一条能达到几万的播放量，偶尔还能达到十万或者更高的播放量。这标志着我们完成了第一步的起号任务。

在从 3 万多粉丝增长到 10 万粉丝的过程中，我们遇到了前所未有的挑战。有了一定的流量之后，平台对视频内容的审查也更加严格。起初，我们根本不懂这些，导致发布的视频总是莫名其妙被限流。我们一下子就蒙了，不知道是怎么回事。我们不停地申诉，但成功率极低，可能申诉十次只有一两次能通过。我们沮丧、失望甚至一度感到绝望。有人劝我放弃，认为短视频这条路走不通，但是，我不服输，我坚信只要我们坚守初心，坚持输出有价值的内容，一定会得到应有的认可。

后来我们才知道，有一条视频被限流是因为里面有一句话涉及敏感内容。但在当时，我们只能迷茫地摸索、傻傻地坚持、默默地爬坡。

其间还发生了一件趣事。清华的一位教传媒课程的老师有一天给我打电话，说："富强，我发现你做的一个账号很火。我觉得内容挺好的，做得特别好。你跟老师说实话，你花了多少钱？"我告诉他，我没花钱，没做任何投流。他又问我："那你背后有多少个团队，才帮你做成这个事的？"我再次否认，告诉他这些视频就是我们公司员工自己拿着手机拍的。他特别惊讶。这件事给了我们极大的鼓舞，连专业的传媒老师都认可我们的内容，我们就更有理由坚持下去。

还有粉丝留言说，演员演得真好。我每次都会回复："我不是演员，我是做企业的。"后来就不用我自己回复了，粉丝们开始自发地帮我澄清："他不是演员，我查了，他是企业老板。"

粉丝数增长到七八万的时候，一些商业机构开始跟我联系，邀请我加入他们的 MCN 机构，保证我一年收入至少 100 万元。这个条件确实诱人，但我确定这并不是我想要的。不过，这件事却让我发现了"赫为强哥"的商业价值。

这些来自外界的声音让我更加坚信，只要我们坚持不懈，就一定能创造价值。

◇

久久为功，豁然开朗。

当我们突破 10 万粉丝大关时，感觉好像一下子冲破了瓶颈，仿佛一道无形的屏障轰然倒塌，每次视频发出来，很快就有十几万的播放量。播放量有了，粉丝数量也涨得很快。但我们没有被胜利冲昏头脑，反而更加清醒地回顾过往，总结出我们进行视频创作的三条核心原则。

第一是真实。尽管内容有演绎的成分，但我们始终坚持务实求真的大方向。基本上所有素材都源于我的生活经历和思考感悟。这样来源于生活，又高于生活的内容，给人的感觉很真实。

第二是坚持轻资产运营，不做重资产投入，做得轻才没负担。

第三是做好视频工作与企业经营工作的平衡。确保视频制作不会成为我们团队的沉重包袱，而是在享受中创造，在创造中收获。

◇

得益于我之前当老师和做销售时在演讲表达方面的积累，我在思维逻辑、语言表达以及镜头前的自如表现上颇具优势。

我的视频，主打一个"三无"——无脚本、无导演、无投流，纯靠内容取胜。

无脚本意味着没有一个预设的具体讲稿，我不会照本宣科，而是力求真实自然地表达我脑子里的想法，即便视频录制时偶有重复或不经意的声响也没关系，主打一个真诚。可以说，没有刻意雕琢的台词，只有我内心深处最真挚的声音缓缓流淌而出。想讲什么内容，我脑子里过个两三遍就可以开拍了。

无导演，因为我就是导演。如果是我自己单人出镜的，基本上能一气呵成，一条过，不需要 NG。如果需要他人配合演出，我会指导他们怎么表达、怎么控制表情。我不喜欢剪辑，因为剪辑会影响流畅的情绪表达，所以如果有讲得不好、表情不到位的，就再来一次。所以，虽然拍视频对我来说压力不小，但我能一个小时拍三条，很快搞定。可以说，我青年时期的导演梦也在做视频这件事上实现了。

无投流，不花钱买流量，是我对内容自信的坚守，也是对市场规律的理解。信息泛滥的时代，过度的营销与宣传往往会让观众产生审美疲劳，甚至反感。这些手段或许能在短期内带来可观的曝光量，但长远来看，真正能够留住观众、赢得口碑的，还是那些能够触动人心、引发共鸣的内容。我希望让每一个观看过我视频的人都能自发地成为我的传播者。

我从来都不考虑流量，反而最不担心流量。

视频号刚一推出，我们就注册了账号。当我们的抖音账号粉丝量达到 50 万左右的时候，视频号的影响力就赶上来了。这个时候，一条名为"上热搜"的爆款视频，直接把我们带到了"百万粉丝"账号的行列。

这条视频内容是"女员工离职"，讲了一个女员工准备离职和男朋友去上海的故事。在她眼中，将来她负责"貌美如花"，而男朋友负责"赚钱养家"。虽然这对公司来说可能只是一件小事，但对她来说却是人生大事。我觉得她不能这么草率，于是给她家里打了电话，向她父亲求证了整件事情。出乎意料的是，她父亲根本不同意她和现在的男朋友交往，也不知道她要辞职去上海的事情。男怕选错行，女怕嫁错郎，经过我一番劝导，她最终选择留在公司安心工作。

我们公司确实曾发生过这样一件事，当时我们也曾纠结过到底该不该介入员工的私生活。但是在和这位女员工做离职沟通时，我们明显感觉到她理想中的未来生活和白马王子并不靠谱。所谓"我养你啊"的生活虽然听起来要比做职业女性更轻松自由，但真的实现"平稳落地""完美转身"并不容易，细加了解后也印证了我们的猜测。

对我们这样的创业公司来说，同事都是"兄弟姐妹一般的情谊"，真的不愿意看人踩坑，所以我们还是谨慎地介入，联系了她的家人。只不过拍成视频，时长有限，所以我们只能省掉一些剧情，在有限的时间内把它演绎得更加跌宕起伏。发布这样的视频，也是希望可以帮助更多观众获得启发与警示。

视频发出之后就"爆"了。我们的短视频账号粉丝数量飙升，由于消息栏提示的粉丝增量最多显示到 99，超过后就是"99+"，为了更强烈地感知涨粉情况，我紧盯手机屏幕，看着"赫为强哥"视频号的粉丝增加信息，心中默数"1、2、3"，咔，满了，点开重来。"1、2、3"，咔，又满了……涨粉就是这么快！

这就是农场法则。农场主要想有所收获，必须先购置土地，购买并播下种子，然后持之以恒地耕作、施肥、灌溉，才能在秋季有硕果累累的收获。

正如那句话所说，"年轻人，你的职责是平整土地，而非焦虑时光。你做三四月的事，在八九月自有答案"。把每个作品做好，苍天不会负你。在这之前，100 万粉丝对我来说是一个遥不可及、不敢想象的目标，结果一条视频就轻松拿下。短视频领域的成功再次证明：定力和执行力才是一个团队的核心实力！

◇

在这个时期，我们开始尝试商业化运营，比如开通小黄车，制作商业短片，以及开启直播带货模式。

第一次直播，我讲的是专家级营销的内容。原本我预计能有两三百人观看就已经很不错了，结果直播间一下子来了 5000 多人。这个数字让我想起大学时的第一次公开演讲，当时台下黑压压坐满了人。虽然我看不见直播间的观众们，但他们都是真实存在的，还是给我带来了很大的压力。我一下子就感觉自己要"hold"不住了，头一直在冒汗。那场直播，我纯讲内容，没有进行粉丝互动，也没有卖任何东西。按照平台规则，如果直播间没有商业变现，流量就会慢慢受到限制，所以后面观众数量慢慢降到了 2000 多人。我的心态也逐渐平稳下来，完成了这场直播。

后来，竟然有粉丝把我直播时戴的什么手表、什么眼镜都"扒"了出来。那一刻，我第一次感觉到，在网络世界里，你的一言一行都会被无限放大，一定要谨言慎行。

有了第一次的经验，我们在后来的直播中开始推广一些我们自己的产品。最初，我们采取的模式是：先分享一些专家级营销的内容，然后穿插推广一会儿产品。但实际情况是，讲内容的时候流量噌噌往上涨，一卖产品流量就咔咔往下掉。理想的丰满令人浮想联翩，现实的骨感又叫人感慨万千。不过，第一次直播卖货，我们还是卖出去了 3 万多元的产品。大家感叹："原来，直播真能卖货，真有人买！"

这是我们第一次实实在在地看到了直播的商业价值。

◇

2022 年 11 月 19 日，是"赫为"5 周岁的生日。为了庆祝，我们精心策划了一场大型直播促销活动，并提前发布了很多预告。结果当天一开播，我们就翻车了。

当时一开播，就有大量观众涌入直播间。我推销的一款小型消毒机，原价 3998 元一台，当天"秒杀价"1999 元一台。我们精心筹备的千台库存，开播 15 分钟就卖出去 500 台。然而，直播过程中，我们不断收到平台的违规警告，但由于我们不懂，索性就直接关掉了这些警告，继续卖货。结果，平台直接中断了我们的直播，五千多双眼睛一起见证了这突如其来的"翻车"瞬间。

直播被关掉之后，我迅速组织大家进行复盘。大家七嘴八舌地猜测，却始终找不出原因。后来，我把平台的直播规则仔仔细细、来来回回地看了好几遍，才终于发现问题所在："秒杀价""多少钱"之类的字眼是不允许提的。找到根源，问题就不再是问题。

当时已经是凌晨三四点钟，城市在沉睡，但我们的办公室却灯火通明，大家都很兴奋。

15 分钟，500 台消毒机，进账近百万元。这是直播带货给予我们最直观的震撼。这一串数字，让我们深刻体会到直播经济的汹涌澎湃。

然而，代价也是沉重的。这次处罚带来了一个月的禁售期，这提醒我们学会敬畏，尊重规则、理解规则、适应规则，在规则的框架内起舞。同时，这也激发了我们不断自我完善的决心。

自那以后，无论是短视频的精心策划，还是直播间的每一次亮

强　势

相，"赫为强哥"都变得更加成熟稳健。我们学会了在传播有价值内容的同时，巧妙地融入产品推广。

每一次的复盘与调整，都是对自我的一次超越，我们在幼稚与成熟之间不断徘徊，又在犯错与纠错中螺旋上升，最终成就更加完善的自己。

久久为功

豁然开朗

我从来都不考虑流量

反而最不担心流量

现实 的 骨感 又叫人 感慨万千

令人 振奋 的 理想 浮想联翩

只要活着

就必须从绝望中走出来
没有第二个选项

打磨强心态：
无敌的内心是一切的开始

我预想到了创业的艰辛，但是没想到会如此艰辛。

2014年，在"赫为"出生之前，还有一个故事，也可以称之为事故。

最初切入新风行业的时候，我并没有想过从零开始打造一个全新品牌。在这个过程中，我走了不少弯路，遭遇了诸多曲折，体验了人情冷暖，甚至经历了背叛，每一步都走得异常沉重。

从职业经理人到自主创业，从职场打拼到商海征战，从为他人打工到开创自己的事业，这一系列的变化不仅意味着身份的转变，更标志着我在思维方式、责任担当和战略眼光上的全面升级。但那时的我还尚显稚嫩，对一些事情的预判和决策缺乏经验，全凭一腔热血。

当时，我看中了一个新风品牌，做了它在北京市场的总代理。由于我对这个市场已经有了一定的了解，也有一些个人影响力，因此北京市场的业务开展得相当顺利。

在与品牌创始人接触后，我发现他竟然是我的湖南老乡！这简直就像是电视剧里的桥段，我们从陌生人迅速升温为"老乡见老乡，两眼泪汪汪"的亲密战友。更巧的是，原来在工作轨迹中我们也曾有过短暂的交集，只是当时未曾相识。现在回想起来，我那时对他可以说并不了解，对他的企业经营状况更是一无所知，但我却给予了他毫无保留的信任。

没有进行尽职调查，也没有在商务条件上过多地拉锯，我仅凭对他的信任和对这个品牌在北京市场的基础了解，便直接做了投资，成了他们公司的第二大股东。我不仅投了钱，还亲自上阵，毫无保留地提供了专业团队来大力推广品牌，极大地提升了品牌的市场影响力，所以我当时非常有信心，志得意满。

然而，在我深入参与到企业经营中时，才逐渐发现他之前对公司进行了很多包装。那些辉煌的业绩不过是精心编织的"套路"。他声称公司的年销售额能达到几千万元，但实际上只有一千多万元。在我接手北京总代理的那一年，把北京市场的销售额干到了将近一亿元，在将这个业绩平均后，才有了他口中的"一年销售额几千万元"。是的，揭开一层层华丽的外衣，才是简朴的真相。

但既做选择，全力以赴。

我并没有在对方"过度包装"的问题上多做纠缠，而是带人、带资金、带市场，调动所有资源，在北京举办了一场新品发布会，把品牌的档次拉得很高。当然，这可能也让对方觉得我是一个可以被持续蒙骗的老实人，不过那是后话。

当下这家企业的窟窿就是一个接一个，让我手忙脚乱。办完发布会，我又发现，企业的生产、供应链等各方面都跟不上，用湖南话来说叫"筐瓢"，即关键时刻掉链子，导致事情功亏一篑。

最致命的问题是，创始人采取的是"拿来主义"策略，从老东家"拿来"了全部技术，还"拿来"了一些人组建了自己的团队，然后创办了这个品牌。而我在投资前未获知真实状况，也没做详细的尽职调查，就给予了他充分的信任，从而埋下了如此大的一个"雷"。

◇

回顾过往，我做投资，投的都是熟悉的人，一直顺风顺水，从没遇到过也没考虑过这种风险。而且，我一直觉得既然决定要做，就要大胆尝试，我过往这样的"战术"也在市场端拿到了结果。最不济，一两千万元的投资，即使全部亏损也在我的承受范围内。也因此，我忽略了至关重要的一点：投资不仅仅是投资项目，更是投人！

厚德载物，人一定要有敬畏之心。为人处世要敬畏长者，敬畏强者，敬畏规则。君子好财，取之有道，为了赚钱，弃伦理道德和法律于不顾，这种没有底线的"创业"，最终只会自食其果，啪啪打脸。

我投资不到一个月，创始人就被他的老东家告上了法庭，随后被捕候审。我很恼火，但也知道覆水难收，世上没有后悔药可吃，后果只能自己承担。

商场如战场，一着不慎，满盘皆输，现实狠狠地给我上了一课。果然，认知的改变，要靠南墙。经过这件事，我才真正意识到什么叫"明辨笃行"。越是重要的决策越要谨慎，从各个方面做好风险把控。尤其对于自己没有经验的事情，更应该深思熟虑，宁可多虑不能少想。慢三秒决策，快三秒行动。

人投错了，事还得干。我一边全力经营公司，带领品牌一路向前；一边想尽一切办法帮他打赢那场官司，最终使他免于牢狱之灾，但也要承担其他应有的惩罚。

这中间还有一个插曲值得一提。在帮他打官司的过程中，我的一个朋友帮了很大的忙。那个朋友在帮忙之后，看到了品牌的发展潜力，于是表达了投资的意愿。当时，在我的运作之下，品牌的地位和市场占有率与之前已不可同日而语，品牌估值更是从最初的 1 亿元飙升至 3 亿元。

就在我以为终于熬出头，准备大干一场之际，已经有两只手悄悄地握在一起，准备捏住那颗亟待成熟的胜利果实。

在那位品牌创始人眼里，他觉得这果子是他的种子自然而然长出来的，我投入的资金、团队、市场、资源都是次要因素，并且帮了大忙的是我朋友，能直接和我朋友合作自然更好。而我那朋友也是利益驱使，满眼热忱，他们一拍即合，打得火热，好得能穿一条裤子。

过河拆桥的氛围已经拉满，我却还被蒙在鼓里。

摊牌时刻，各种吃相甚是难看。一个是我曾在关键时刻救其于危难之中的合伙人，一个是相交多年的朋友，现在却联手对付我，想尽办法将我排挤出局。这种背叛，就像你的兄弟和你的挚爱甜蜜地站在你面前宣布："我们在一起了，你放手吧！"其冲击之大，令人难以接受。

如何能让一个人加速成熟？遇见坏人。

世上多的是表面繁华，内里龌龊的事儿。就这样，真心付诸东流，投资也打了水漂。虽然这样的结果实在不是我想要的，但经过一番挣扎，我决定断舍离。对方把我投资的资金退还了一半，虽然赔了不少钱，我还是果断地离开了，没有做任何纠缠。

投了，赔了，我认了。

撤了，走了，我释然了。

有时候，谁对谁错根本不重要，重要的是不要和烂人烂事纠缠。也是从此，我认定了，拒绝和特别贪婪的人合作，不然早晚他们会把你掺和进那些能把你拉低的 low（恶心低级）事里。

◇

但不得不说，小成靠朋友，大成靠敌人。在此之前，我没想过创立自己的独立品牌，是他们把我逼到这条路上的。

哪怕身处逆境，也一定要清晰地知道"我是谁"。我是赔了钱，但我们团队的综合实力：对趋势的判断能力、对产品的研发能力以及对品牌的运作能力，都在这一过程中得到了验证。创办一家实体企业、打造一个独立品牌所需的基本条件，我们已经具备了。是时候行动起来了！

赫为就此诞生。

一切都是最好的安排。他们只看到了品牌价值提升这一结果，却没看到背后我所倾注的各方面资源，尤其是我在北京市场发挥的关键作用。没有这个力量的支撑，他们很快陷入了困境。

强　势

甚至连接手北京市场总代理权的人，也赔了几百万元进去。最终，这个品牌、这家公司也慢慢倒闭了，在行业里消失得无影无踪。

经历过打压，人才会变得强大。

短暂的挫折会让弱者倒下，却能让强者涅槃重生。

创办赫为之后，我深刻体会到作为一家企业的创始人，内心一定要无敌，关键时刻要做到"稳准狠"。

致远要"稳"。创业是一件风险很大的事情，可谓"九死一生"，尤其是在初创阶段，企业的存活率往往极低。因此，作为创始人，切忌冒进。一艘小船就想去深海捕捞大鱼，最终很可能鱼没捞着，船员也葬身鱼腹。所以，一定要步步为营，稳扎稳打。初期，不妨先在浅海捞点小鱼小虾，确保团队能够稳定生存；待实力增强、装备升级后，再向深海进发也不迟。

我曾经在北京投资过一家餐饮企业。那家企业的前身是一家高端海鲜店，据说一个包间一晚上的消费额最高曾达150万元。后来，市场需求发生了变化，他们就想转型做平价餐饮。我与那位创始人交情很深，而且我觉得鉴于他之前的成功经验，他转型做平价餐饮定能成功，就信心满满地投资了120万元。让我没想到的是，投资最终打了水漂。究其原因，是因为创始人在战略定位转型后，思维仍停留在过去。他还是按之前的大企业运营模式来运作，先是建立了一套复杂的组织架构，各种岗位一应俱全，人员也全部到位，各种"总"应有尽有。结果店还没开起来，每个月的员工工资支出就已近百万元。等到店开起来的时候，资金已经耗尽，资金流断裂，店也开不下去了。

反而不起眼的夫妻店生存率却很高。有一对夫妻租了我在北京的一个门面开面馆，一干就是 13 年，生意至今仍红红火火。赚到钱后，他们给儿女在北京都安了家。为什么他们能赚到钱？两个原因。一是成本控制得住，因为是自己的生意，自己投的钱，所以每一分钱都会精打细算，绝不浪费；二是人员稳定，夫妻两人自己干，没有其他员工，这就避免了因人员变动而带来的不必要的麻烦和成本。

创业界经常会有"某某 CEO 的年薪高达几百万元"的高薪神话，然此多为资本堆砌之幻象。如果是创业者自己的钱，他是绝对不会给自己开这么高的薪水的。我曾经因为坚持不同意"一票否决权"而拒绝了外部资本的投资，就是为了可以自主决策。

我和我的团队是离炮火最近的人，我们最了解实际情况，因此我们的决策才是最接地气的。然而，这也导致我们的资金经常捉襟见肘。但，有多大碗就吃多少饭，我们花的都是自己的血汗钱，所以大家在资金使用上都非常谨慎，以便有余粮扛过饥

强势

荒和危险。作为创始人，我的钱就是公司的钱，我从来没想过"这钱是公司的，可以奢侈点儿花！"对于任何浪费或贪污行为，我都持零容忍态度。在这个问题上，创始人必须坚决、果敢，实行强势管理。

一个不强势的人，成不了事。

◇

决策要"准"。企业最大的成本，其实是决策成本。为什么说创始人的认知是创业企业的天花板？那是因为创始人能看到多远、对未来的判断如何，直接决定了企业的生存空间和未来发展。作为公司的最高决策者，创始人一定要有准确的判断力和分析能力，同时要有正确决策和及时纠错的能力。因为方向错了，越努力，结果越糟糕。

当企业实力尚不足以抓住更大商机时，望洋兴叹也就罢了，但若我们稍加努力，跳一跳便能够着更高层次的进步，却选择不跳，局限于现有的狭小市场，这样拖着，早晚会被市场淘汰。难道这个市场会特意留点蛋糕给你吃吗？吃不到蛋糕，就要吃剩饭。而且可能先是有点剩饭，然后就连剩饭也没有了。

赫为的三次转舵，从最初的面向消费者（to C）市场，转向了面向企业（to B）市场，随后从贸易型思维转变为实业思维，最后又从 to B 转向了面向特定客户群体（to F）。每一次的转舵，都是因时而动，因势而变。每一次决策之初，我其实都比较懵懂，没有预测到未来，只是感觉应该这样做。假如当初我就能预测到未来，或许我会直接选择做 to F 业务而非 to C。然而，如果那样的话，可能"赫为强哥"直播间的销售变现就不会如此顺利。

目前在"赫为强哥"直播间，我们只销售 to C 的新风产品，那种类似于空调的即插即用的产品。之前，我们曾尝试销售过那种需要专业人员上门安装的产品，虽然销量很好，一晚上的销售额就能达到几十万元，但因后续安装服务压力陡然上升，我们很快就收到了一大波投诉。不得已，我们临时找了一个外包团队进行安装，尽管完成了所有产品的安装，但他们的服务质量和后续维护却难以保证。这对于品牌形象是极其不利的，所以我马上停止了这类产品在直播间的销售。人这一辈子活的就是个品牌，影响口碑的事，再赚钱我也不干。

◇

行动要"狠"。创业公司的创始人，如果是一个和事佬，性格优柔寡断，那公司将很难发展起来。创始人一定要展现出超强的行动力：一旦做出决策，就立刻开干；一旦发现不对，就马上调整。大公司如庞大的飞机，哪怕一颗螺丝钉出问题都可能导致机毁人亡；而创业公司则更像是灵活的自行车，即便坏了某个零件，也能骑着往前走，就算车胎爆了，也能靠惯性再往前滚几十米。所以，不必等到所有零件都完美无瑕才启程，先骑上自行车，边走再说。

对自己"狠"，对团队也要"狠"。我始终觉得，不敢、不会批评人的创始人，称不上好的创始人。因为批评，是爱的另一种表达，它要求我们在尊重与理解的基础上，以建设性的方式指出不足，帮助他人认识到自己的盲点，从而激发潜能，实现自我超越。真正的领导力，往往蕴含在敢于直面问题、促进成长的勇气之中。虽说批评也要讲究方式方法，批评也可以是一门艺术，但如果一个员工受了一点批评就跑，那样的员工也不值得挽留。一支打不散的团队才是抵御创业风险的核心竞争力。过度的仁慈，最终会害人害己。

心理学上有一个"过道原理"：过道里的感应灯平时是熄灭的，只有当人们走到特定位置时，灯光才会亮起，照亮前行的路。然而，很多人在进入过道前就心生畏惧、踌躇不前，从而永远无法穿过黑暗。事实上，选择相信前方必有光明，咬咬牙，鼓鼓劲，走一步，再走一步，或许就豁然开朗！

一旦决定前行，最难的就已经结束。下半场，敌人只剩下自己。能够引领你决胜千里的，永远是来自内心的力量！

老牛亦解韶光贵，不待扬鞭自奋蹄；

知命之年不认命，青山不老我不闲！

是的

揭开一层层 华丽的外衣

才是简朴的真相

放

忍

的

认知人

要靠回避

报

决

慢三秒

快三秒

行动

朋友

小成靠

大成靠

敌人

朋友

人生永远柳暗花明

背负强责任:
背负得越多的人,赢得也越多

责任感这一课,很难在课堂上学到,只能在生活中悟到。

小时候,我们家很穷,还要供四个孩子上学。初中时,我寄宿在学校,每周都要回家拿生活费。那时,我总感觉母亲就是一个魔术师,明明家中一贫如洗,但每当我次日清晨要返校时,她总能神奇地拿出准备好的生活费交给我。后来我才知道,她每次都会等我睡着之后,出去四处借钱。她几乎借遍了村里的每一户人家,每次只借三五块钱。

◇

母亲借钱有个坚定的原则:有钱钱交代,没钱话交代。

她对本子上的每一笔借款都记得清清楚楚。借钱时,她会诚恳地向对方承诺:"下个月就还你",或者"等小猪仔卖了,我就把钱还你"。

快到了约定的还款日期，如果实在还是没钱还，母亲就会忍痛杀一头猪，用猪肉来抵债。假如市场价是一块钱一斤，母亲就会按八毛钱一斤来算，相当于付一点利息给人家。我印象特别深刻，虽然那时家里每年都杀猪，但我们很少能吃到猪肉，大多数时候只有猪头、猪血和内脏，好的猪肉都拿去还债了。

还有一些人急需用钱，母亲为了信守承诺，会再去信用社 ① 借款，即使要付利息，她也一定要把借款如期归还。

母亲这种勇于担责、坚守诚信的行为，深深地影响了我的生活和工作态度。我从来不会轻易做出承诺，但一旦承诺了，就一定会做到。所以，无论是我的同学、朋友还是客户，相处久了之后，对我的信任度都比较高。做销售这么多年，从来没有过哪个客户对我表示不满或不信任。许多曾经的客户，即使后来不再合作，也成了我一生的朋友。

◇

事不避难，义不逃责。

短视频做出一些成绩后，不少商业合作机会便纷至沓来。然而，我始终牢记自己做短视频的初心，所以，对于大部分的合

---

① 农村信用合作社，指经中国人民银行批准设立、由社员入股组成、实行民主管理、主要为社员提供金融服务的农村合作金融机构。2011 年开始，信用社逐步改制为农村商业银行，并改名为"农商行"。

强　势

作邀请，我都婉言谢绝了。

但有一次，一个卖鹅绒被的老板找到我，希望我能帮他做一场直播带货，我答应了。同为实体企业的创业者，看到他，我仿佛看到了自己曾经的影子。我深知他的不易，决定帮他一把。

那是我第一次帮别人做直播带货，说实话，当时我直播带货的经验还相当有限。我专门到他的工厂去做的直播，他准备了1000 床原价 1900 元一床的鹅绒被，直播间特惠价 999 元一床。基于我之前几场直播带货的成绩，我觉得卖掉这 1000 床被子没有一点儿问题。

◇

结果直播一开始，我就被网友骂惨了。屏幕上充斥着各种批评与失望之声："宇宙的尽头是带货""强哥，你都带货了，我的信念要崩塌了""强哥，你不能带货"……我们的运营团队努力控评，但无奈负面声音太多，局面一度十分混乱！我也慌了！

那个老板也赶紧过来，悄悄跟我说："强哥，要不咱们下播吧……"他欲言又止，但我知道他的意思。我深吸一口气，摇了摇头。

那天，我是与他们公司的一个小姑娘一起直播的。为了向观众展示鹅绒被的真实质量，让大家亲眼见证鹅绒的纯净与蓬松，我们剪开了一床被子。

不得不说，他的被子充绒量真的蛮高，整个直播间瞬间飘满了鹅绒，我的头发和衣服上也沾了不少，样子特别狼狈，内心更加狼狈。

那一刻，我的本能反应是逃避，是退缩，但我转念一想：不能放弃！为什么？就好比你家要办喜事，请我来唱戏助兴，亲戚朋友们都已落座，一边嗑瓜子，一边等戏开演。如果我临时说不唱了，你如何交代？同样地，卖鹅绒被的老板之前也没请过达人直播带货，他们在直播带货方面也没有经验。但为了这场直播，他们还是费尽心思做了很多准备，如果我现在选择放弃，他们公司上下从老板到员工的心血都会付诸东流。那样的结果，我良心上实在难以接受。

面对压力，众生百态，有人选择蜷缩于安逸，有人则选择勇敢面对挑战。毫无疑问，我是后者。

在我的价值观里，直播带货是一件正当的事情，没有坑害别人，更并非什么违法之举。我合作的是有信誉的源头厂家，提供的是品质上乘、鹅绒含量高的产品。相同品质的鹅绒被在市场上售价近两千元，但在我的直播间，不到一千元就能买到。

如此实惠，何错之有？更何况，这不是强买强卖，有需要你就买，不需要也可以不买。既然如此，我为什么要放弃自己的立场呢？当然，最重要的是，如果我选择退让，就没法兑现自己的承诺。而对我来说，承诺的事就必须做到。

这个时候哪能怂？肯定不能怂！

我开始在直播间回应："你问我为什么来卖货？我为什么不能来？我是靠自己的劳动堂堂正正地挣钱，我在把一种很好的产品推荐给需要的人……"慢慢地，我成功地扭转了直播间的舆论氛围，直播也逐渐回归正轨，我们继续卖货。我坚持直播了两个小时，卖出 600 多床被子。下播之后，老板冲过来拥抱我，激动得流下了眼泪。说实话，当时我的内心其实已接近崩溃，全靠一股信念撑到最后，被他那么一抱，真挺感动。

复盘的时候，大家为我感到不平，而我却有一种"轻舟已过万重山"的释然。我坚信，做事时，不必求全责备，但求无愧我心。不是所有的付出都有回报，都会被认可，但如果不付出，就肯定没回报，更谈不上被认可。所以我始终认为，还是要不吝付出。

一路走来，我们总会遇到各种困难。我们有可能打败困难，也有可能被困难打败，但无论如何，我们不要被困难定义。前路不明时，不妨让子弹飞一会儿，把结果交给时间。

这只是我创业路上的一个小插曲。

人世间有两件事最折磨人：踌躇满志却屡遭挫折，心灰意冷而无所适从。创业中的我，就在这两种痛苦的轮番轰炸中不断摇摆，承受压力的轮回洗礼。巨大的压力导致我失眠、焦虑、狂躁，全靠毅力、定力和体力来抵挡这一切冲击。对抗的过程是痛苦的，但这种痛苦让人深刻，也让人成长。

创业者就应该像茶壶一样，哪怕屁股被烧得通红，依然昂首吹着口哨！

◇

自决定二次创业的那一刻起，我就开始了超乎寻常的奔忙、超乎寻常的热血澎湃，以及超乎寻常的充实。我始终冲锋在第一线，无论是在市场开拓、产品研发、品牌推广中，还是在人员招聘、例会年会时，都能看到我忙碌的身影。

每天，我都像打了鸡血一样，要么与投资人商讨合作事宜，要么与公司高管探讨使命愿景，又或是与渠道合作伙伴共商未来发展大计。

我全身心地投入企业的发展中。然而，对家人的承诺——一起去旅行，却一再被推迟，为了工作，我忽视了家庭。八十多岁的母亲实在看不下去了，忍不住劝我："咱什么都不缺，何必如此折腾自己？"而我，只能向母亲描绘我的理想、我的未来、我的团队，以及我的责任与担当……她似懂非懂，只好叮嘱一句："无论如何，不能把身体搞垮了！"

我只是希望，能用尽我所有的力量和光芒，驱散赫为前进道路上的黑暗……

◇

虽然亏待了家人，但我想，我把爱送给了赫为的每个人。对基层员工多一点包容，多一些关爱，这是企业的责任，更是创始人的担当。

在短视频中，我曾演绎过我们公司发生的一个真实故事。当时，市场部的一名员工请了很多天假，人事部没有问具体原因就照制度扣了他的工资。我得知此事后，了解一番，才知道这名员工的母亲被诊断出患有胃癌，已经到了晚期，他请假是为了回湖南老家照顾母亲。对于一个上有老、下有小、中间还有房贷的中年人来说，这无疑是他人生中最困难的时刻。公司若在这个时候还扣发他的工资，无异于雪上加霜。在他最需要温暖、最需要情感慰藉以及经济支持的时候，公司理应挺身而出，成为他坚实的后盾，与他共渡难关。

制度是死的，人是活的。我以董事长的身份做了特别批示：一分钱都不扣。同时，我安排人事部立刻与这名员工联系，深入了解他目前面临的困难，看看公司能提供哪些帮助，然后通过工会为他提供必要的支持，并安排湖南当地的同事尽快前往他家里进行慰问。

有些管理者可能认为基层员工的事都是小事，但我不这么认为。事实上，基层员工的需求和感受至关重要。在员工需要的时候，或者在员工想不到的地方，企业若能多做一点，就能收获更多的忠诚。

◇

有一次，由于财务部门的疏忽，工资发放出现了延误，导致员工在公司微信群抱怨"房贷都没法按时还上"。为此，我明确要求财务部门每月 15 日前必须完成工资发放，因为我清醒地认识到：每一个员工背后都是一个家庭，他们的每一份收入都关乎整个家庭的生计。

企业餐厅的厨师是湖南人，做的菜偏辣，芜湖当地的员工吃不惯，厨师却不愿意学做芜湖菜。为此，我也亲自介入，力求找到一个双方都能接受的解决方案。即使在企业最困难的时候，我也始终坚持不裁员、不减薪、不欠款，并坚持给员工的父母发放"孝敬卡"……

有人说，你作为企业的创始人和董事长，连这样鸡毛蒜皮的事都要管，不累吗？当然累！但累并快乐着。如果一家企业连自已的员工都照顾不好，连自己员工的基本需求都满足不了，那么它又谈何承担更大的社会责任呢？这些看似微不足道的小事，却关乎员工的家庭幸福和生活品质，也直接影响着他们对待工作、客户以及企业的态度。

若企业家只知逐利，那么其领导的企业也必将沦为唯利是图的组织。一个努力为员工创造美好生活的企业是有温度，有情怀的。一个没有情怀的企业，不可能活得久，而短命的企业也不可能创造真正的社会价值。

曾有人说，企业家分为三类：一类是生意人，无所不用其极地追求利润；一类是商人，懂得取舍，知道何为可为，何为不可为；一类是真正的企业家，他们目光长远，勇于承担社会责任。

我认为，真正的企业家应该是这样一群人：他们怀揣着强烈的社会责任感与使命感，恪守高尚的道德准则，拥有坚定不移地追求美好理想的决心，以及不断开拓创新的勇气与意志。他们能够为实现造福社会的远大理想而承受巨大的压力。他们能够不断学习、不断突破自我，并有能力带领团队在愉悦的氛围中高效地工作、在和谐的环境里幸福生活。更为重要的是，他们能够将个人的幸福与快乐融入社会的大潮中，从而为社会和人类创造更多的价值。

这才是创业者、创始人该有的样子！

创业者就应该像茶壶一样，哪怕屁股被烧得通红，依然昂首吹着口哨

我将用我的全部能量来照亮赫为前行道路上的黑暗

大胆一点
天生敢为

你的日积月累

就成为别人的望尘莫及

以"弱"胜"强"：
让专家级营销成为一种习惯

生意不是"求"来的，而是"要求"来的。

过分的谦虚和自卑，抑或过度的功利心，都可能适得其反。前者如同无形的枷锁，束缚了我们的勇气与自信，让我们在关键时刻犹豫不决，错失良机，甚至让潜在的合作伙伴或客户误读我们的实力与决心。后者虽然能激发一时的动力，但长远来看，它可能损害我们的声誉，一旦你被定位为功利心重的人，那么在后续的商务合作中，你将很难取得实质性的进展。

◇

一个真正的专家级营销人员，他的资源一定是可持续的。那么，如何才能实现资源的可持续呢？无非在于持续不断地为客户创造价值，提升客户的满意度，让客户有超乎预期的获得感。

我刚在北京做销售的时候，还没有足够的经验。当时，我负责的一个项目的对接人是总裁助理，他刚从国外留学回来。每次沟通时，他总会在中文里穿插几个英文单词，透露出一种微妙的优越感。

谈判过程中，即使他并不专业，也总是要占据主导地位，无论是制定方案还是做决策，都是他说了算。甚至连用餐的地点，也必须由他来指定，我们经常要跨越大半个北京和他进行一次极其短暂的咖啡时间会面，只因他想品尝那家的咖啡。他会让你做个方案，然后说这个方案不行，并要求你按照他的想法修改。但当你按照他的建议修改之后，他又会提出新的要求，多番修改后，最终又选回了第一版……这种反复无常的修改要求与全方位的掌控，让我深感被动与无奈，在整个合作过程中，我总有一种被牵着鼻子走的感觉。

尤记得，那是一个深夜，我都睡着了，又被他的电话吵醒，要求我即刻前往某夜总会为其买单，那一刻，我心中的不满与愤怒如潮水般涌来，果断拒绝了他的无理要求。然而，次日，他就通知我，生意不做了。

但这也算给这段不愉快的经历画上了句号。

这种把乙方当作 24 小时随叫随到的服务员甚至仆人的甲方，我实在是无法接受。这种合作方式可能适合某些人，但不适合我。我对这种不良的工作风气深感厌恶和抵触。在我看来，我把产品销售给你，是因为它能满足你的需求，能为你提供优质的解决方案，能帮你降低运营成本，我很自信、很骄傲。

◇

人不管做什么事，都要走正道，走大道，不要走有损尊严的捷径。

我刚做销售的时候，就观察到一些同事总是被客户左右，忙于各种应酬、买单和跑腿，看似忙碌却效率低下，业绩也不尽如人意。他们签下的订单，也往往遗留很多问题。

◇

为什么会这样？我对此进行过分析。首先，那些频繁要求应酬和跑腿的客户，在单位中往往不是（并且很难成为）核心决策者。与这样的人过多纠缠，不仅耗费大量时间和资源，还可能损害自己的形象。因为他们单位里的真正决策者若看到你与这类人过从甚密，可能会认为你是他们的同道之人。这种负面标签一旦贴上，你想撕都撕不掉。

其次，销售过程中过早投入的高昂费用，在后期合同谈判时可能成为一个很大的制约因素。你肯定会想："我都付出这么多了，难道终止不做了？"这种投入如同鸡肋，食之无味、弃之可惜，让人陷入两难境地。

最后，一个人的精力是有限的，在非关键人员身上投入过多，必然会忽视对重要人物的关注和公关工作。这种本末倒置的做法，最终只会导致惨淡的结局。

◇

做任何事情，我总会设身处地地从对方的角度出发，换位思考。

比如销售中央空调时，我就会想：客户想要或者需要见到一个什么样的销售？我的着装、装备乃至言谈举止，是否足以彰显我所代表的品牌的专业与可信赖？在高端项目销售中，客户追求的是专业与价值的双重保障，而非情感上的同情与怜悯。

资源不可能白白掉到你头上，难道有谁会给你几百万的可怜费吗？展现你的专业与价值，才是赢得订单的关键。

你的形象应与你所销售的产品相得益彰，你的举止应与你所代表的品牌形象保持一致。装扮自己或许能让你看起来与你所销售的高端、专业的产品更加匹配，但如果你表现得狂妄或傲慢，反而会让人觉得你内涵不足，难以赢得他人的尊重。

真正有实力的人，往往拥有一种安静的力量。我也曾尝试用各种方式来提升自己的形象，比如在我刚开始做销售时，我就配备了大哥大、BP机，穿上了西装，甚至见客户时还会借用奔驰车。但在与客户交往的过程中，我始终保持谦逊低调，以简单纯粹的态度待人接物。我展现出的正直品质，让客户能够更专注于我的专业素养和我们所谈的生意，而不会产生其他杂念。毕竟人性的本能，就是倾向于与强者合作。

◇

你如何界定自己与客户的关系？是朋友？衣食父母？亲人？还是财神爷？

每个人对此可能有不同的理解。而在我看来，销售与客户之间最理想的关系，类似于秘书与领导的关系。这是一种怎样的关系呢？是一种基于共同利益和价值而建立的深厚信任关系。秘书了解领导的工作内容，具备出色的能力，能帮领导解决很多问题，领导则对秘书充满信任和依赖。

作为销售，追求利益固然重要，但价值的诉求同样不可忽视。

想象一下，如果你与客户是朋友关系，平时一起吃饭喝酒，那到了谈合同的时候，对方可能就会说："既然我们是朋友，价格上是不是可以给我一点优惠？"如果你与客户是亲人关系，那你怎会忍心赚亲人的钱呢？而如果客户是你的财神爷，那这种关系就太功利了——你拜财神爷无非就是为了求财，若无财可求，你还会继续参拜吗？

但如果你与客户之间是秘书和领导的关系，那情况就不同了。首先，你是有能力的，因为领导不会用一个无能的秘书。这意味着你不仅要具备扎实的专业能力、出色的问题解决能力，还要有高情商，能够长期创造价值。其次，这种关系还是有信任感加成的，想象一下，领导是不是会在一些事情上听取秘书的意见？这种信任关系一旦建立起来，很难被摧毁。

如何才能建立这种信任关系呢？

信任的建立是长期经营的过程。由于一些人对销售存在天然的排斥，因此他们不会一下子信任你，这就要求你在日常言行中逐步树立良好的形象。随着接触次数的增加，好印象会逐步升华为好感，最后演变成信任。这种关系的升华是在你们交往的点滴细节中，潜移默化地实现的。

在这个过程中，有两个细节至关重要。第一，不要随意给人贴标签，而是要以包容和开放的态度与人交往。比如，当你拜访客户时，若在内心给他画像，贴上"麻烦"或"脾气不好"等标签，就等于在你们之间制造了一种无形的隔阂，会严重阻碍关系的进一步发展。第二，保持对对方的充分尊重。切勿过早暴露功利目的，只有当你的行为真正利他、能够为其创造价值时，你们的关系才能稳固而长久。

对于完成一个大额订单来说，信任的建立还需要精心策划的方案来助力。一个优秀的方案应能全方位展示产品的价值。在制定方案之前，务必深思：客户为何要选择我们的产品？如果他花同样的钱，我们的产品能为他带来更多的价值，那他肯定会选择我们。

例如，我们可以强调产品使用寿命更长，能够降低他的使用成本；或者展示我们的技术保障，让客户意识到他将来的维护成本会大幅减少；再者，通过提供持续可靠的服务保障，让客户感受到更多的安心与踏实……好的方案不仅能让我们的产品成为客户的首选，也能让你成为客户有类似业务时第一个想到的人。

这些都是道的层面，道法自然。

从术的层面来说，你要从提问、聆听和赞美三方面来构建信任关系。

在与客户交流时，应优先采用开放式提问，而非封闭式提问。

举个例子，如果你问："李总，咱们这个项目开工了吗？"李总回答："开工了。"然后对话就难以继续了。这种问题就属于封闭式提问，因为答案只有"是"或"否"两种可能。

相反，如果你采用开放式提问，比如："李总，请问一下咱们这个项目的进展情况如何？"他可能会详细说明："我们这个项目上个月 10 号就开工了，预计什么时候投入使用……现在最大的问题是……"通过一个问题，你就能获得丰富的信息，而这些信息不仅能为你们接下来的交流提供关键话题，还可能成为你制定方案时的重要参考。

提问之后，请相信聆听的艺术。

很多销售人员都存在一个坏习惯，过于热衷表达。这可能是因为怕冷场，也可能是因为想说服对方。但其实，安静的力量比你想象的还要大。即使是在专家级营销中，聆听也是一种非常重要的销售技巧。

这种聆听远非简单地用耳朵接收信息，专家级营销人员在聆听客户时，会以专业的姿态面向客户：身体自然挺直，双肩放松且平衡，传递出一种认真专注的态度。相反，不能采用一些不恰当的坐姿，如深靠椅背、蜷缩身体、半坐半躺或是单腿踩凳，不仅不雅观，还会给对方留下负面印象。

聆听的艺术中，一个常被忽视的关键动作是做笔记。数字化时代，你可能会觉得，我们有录音笔、手机和笔记本电脑等高科技工具，还有必要拿本子和笔来做记录吗？我告诉你，很有必要。

从客户的角度来看，认真地做记录是对他的尊重和重视，会让他觉得你很靠谱，做事很踏实、很专业。同时，这也在无形中提醒客户在交流时要更加审慎，因为他说的每一句话都有可能被白纸黑字记录下来。

从你的角度来看，好记性抵不过烂笔头。虽然录音笔、手机、笔记本电脑等现代科技方便了我们事后回顾和复盘，但在实时交流中，它们并不能帮助你抓住重点；而使用笔记本电脑进行记录时，很容易让人过于专注屏幕而忽视与对方的互动交流。相反，用纸笔快速记下关键信息，不仅能让你抓住当下交流的重点，还能使你保持与对方的眼神和表情交流。你可以边记录边进行归纳和思考，以便打腹稿。例如，客户提出了十个问题，可能归纳起来就三个问题，然后你可以回复其中的两个问题，留一个问题待后续详细解答。你可以说："关于您提到的这个问题，我需要回去与我们的总工程师进一步讨论，然后为您定制一个更具体的解决方案。"这样一来，你不仅展现了高效的工作能力，还巧妙地为自己创造了下一次拜访的机会。

◇

赞美是锦上添花。

每个人都希望被赞美，但赞美的言辞若选择不当，可能会适得其反。有效的赞美自然、贴切、真实且有品位，让人感觉很舒服；过分夸张的溢美之词往往显得虚伪。

在赞美成熟女性时，我们应从她的内涵、表现出来的端庄大气以及独特气质等方面去赞美。而对于成熟男士，则应着重称赞他的学识、为人处世的稳重、气度与包容心。与客户相处的场合多为商务环境，双方关系主要是商务合作关系。在这样的正式场合中，赞美对方的身材或外貌就显得不妥，这一点尤其要注意。

通过抓住这些细节，并在多次接触中逐步深入了解，信任就会在不知不觉中建立起来，你也将逐渐占据主导地位。

◇

到了这个时刻，你就需要主动出击，而不是被动地等待结果，来一句"我尽力了，成败在天"。机会不是争来的，也不是等来的，而是争取来的。

我在外企工作时，曾负责过一个民营医院的项目。项目初期，各项工作进展得都很顺利。从产品、方案到综合实力，我们都得到了具体执行人的认可。然而，决策权掌握在院长——一位即将退休的年长女士手中。那是一家规模很大的医院，想见到院长并不容易，我们想尽办法也只是知道了她办公室的电话号码。

在关键的节点见到关键的人物是成功的关键。

电话约访是第一步。我打通了院长的电话，自我介绍说："我是××公司的邓富强，我非常希望能够争取到这个项目的合作机会。请问您什么时间方便，我可以来拜访您吗？"其实，负责项目的人肯定已经向她汇报过相关情况，包括我们公司和我个人的介绍。所以，在听完我的自我介绍后，她表示同意，并让我下午两点去拜访她。

我提前半个小时就到了，但门口有保安站岗，没有预约不让进，用之前送矿泉水那招儿肯定是不行的。

我在门口等了二十多分钟，在预定时间前五分钟拨通了她的电话，声音中带着一丝不易察觉的紧张与期待："您好，我已到门外。"她回应说正在开会，让我稍等片刻。于是，我回到车上继续等待。十分钟，二十分钟，三十分钟……时间一分一秒地过去，她一直没有回电话。我觉得频繁打电话也不合适，便继续等待。四十分钟，五十分钟……过了一个小时，我再次拨打电话。她依旧让我再稍等一会儿……

这样的情况又发生了五六次，每次都是漫长的等待和相同的回应。

在这种时候，销售的耐力和韧度都面临着严峻的考验。重要的是，你还必须保持耐心，不能让对方察觉到你的不耐烦，更不能引起对方的反感——真是走钢丝的感觉！

后来怎么推进的呢？

虽然院长一直回避我，但我始终和具体执行的各方人员保持密切接触。他们其实都很着急，因为院长没发话，很多工作没法推进，所以他们也急切地希望院长能做出决策，于是他们也都积极地给我提供建议和支持。

在与院长沟通的过程中，我始终保持礼貌和尊重，避免让她感到被骚扰。这种恰到好处的沟通方式最终赢得了她的信任，她主动给了我她的手机号码。

销售的过程实质上是资源整合的过程。院长有需求，我一直在，而且我们的品牌、产品和方案都极具竞争力，此时，只缺一个临门一脚的机会。

◇

机会来了。我从具体执行的人那里获悉了一个重要信息：院长即将去上海出差。我立刻行动，买了机票从北京飞往上海。在上海机场，我找到一个公用电话给她打电话。

电话接通后，我就开门见山地说我是谁，并告诉她我现在就在上海。她惊讶地问："你怎么会在上海？"她可能已经猜到了我是专程来见她的。我也很直接，坦诚回答："我知道您来上海开会，所以我特意飞过来，就是为了见您一面。我知道您在北京特别忙，所以希望在上海您能给我 10 分钟的时间，让我向您汇报一下。"

精诚所至，金石为开。我的诚意和执着显然打动了她，她犹豫了几秒钟后说："小邓，你太执着了。我对你的印象非常深刻，你约了我那么多次，都没见到我，还一直坚持。我相信一个如此执着的销售人员，你们公司的产品一定值得信赖。这样吧，你不用在上海等我，我们回北京再见。我明天就回去。"回到北京后，她主动给我打电话。我们在车上聊了 5 分钟，就成功达成了合作。

我经常开玩笑称这个案例为"上海一日游"——买张机票飞到上海，就打了一个电话，连机场都没出，便又买张机票飞回北京。这个故事听起来很传奇，似乎我成功得很容易。但其实，这背后蕴含的很多细节才是关键所在。

第一个细节是，越是大型项目，越要做好基层工作。有些销售人员特别喜欢从高层入手，认为只要赢得决策者的支持便万无一失。但实际上，如果你未能获得基层工作人员的认可，即便领导"空降"指令把项目交给你做，他们也会觉得你没实力，从而产生对抗情绪。这种情况下，他们可能会在项目推进中制造各种阻碍，反而会对你不利。要知道，决策层的意见往往来源于基层的判断、分析和报告。所以，忽视基层工作，仅依赖高层领导施压，必然会出问题。

第二个细节是，关键人物的突破需要"天时地利人和"。突破五分钟，铺垫五个月。在不断被拒绝的过程中，很多人可能就放弃了。但当你选择放弃的时候，竞争对手便有了可乘之机。关键在于，无论遭遇多少次拒绝，你都必须保持初心，确保每次接触都如第一次般热情而专业，绝不能流露出任何负面情绪。这既是最重要的一点，也是最难做到的。你可能提前约好了见面，却遭遇冷落甚至奚落，这种心理落差会引发强烈的负面情绪。但当你再次约见时，必须调整心态，以积极、正面的情绪面对，避免引起对方的反感。同时，你也要做足基础工作，形成围攻之势，这样机遇一到便能抓住。

第三个细节是，要注重实力的展现。销售过程实质上是价值传递的过程。你的产品也好，方案也好，或是你的个人品质，都一定要让对方看到价值所在。这是你获得信任的前提，也是突破关键人物的核心要素。道法自然，很多规律是永恒不变的。就比如一个人的外貌可能是加分项，但真正能触动人心、决定长远关系的，往往是深藏于内的善良品质。做生意也是一样，你的产品好、方案完善，你个人的专业素养高、人品好，这些都是建立信任的基础。价格、谈判技巧等其实是锦上添花，但倘若你将这些因素当成主导项、决策项，那就是本末倒置，只会适得其反。

如果为了赚钱而不择手段，结果不仅可能事情做不好，还会带来难以预测的风险。完美的交付才是最核心的竞争力。

正确的思路是，把事情做好，顺便赚点钱。

人不管做什么事

都要走正道

走大道

不要走有损尊严的

捷径

人性的本能就是倾向于与强者合作

思路决定出路

格局决定结局

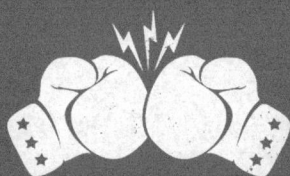

敢让他人强：
格局才是人与人的最大差异

看一个人的人品，关键看他对待弱者的态度，是友好还是欺凌；看一个人的实力，重点看他对强者的态度，是恭维还是不卑不亢；而看一个人的格局、一家企业的格局，则更多要看他们对同行的态度，是学习、拒绝，还是诋毁。

自从我们的短视频账号粉丝突破百万之后，我们的影响力就逐渐扩大，尤其是在芜湖周边的企业老板和创业者群体中，受到了广泛关注。不少人发私信给我，希望能与我见面交流，学习经验。我见的第一个粉丝，就是那位卖鹅绒被的老板。

他是从宣城专程来芜湖见我的，我印象特别深刻。那天，他带了五六个人、十几床被子。寒暄之后，他直截了当地说明了来意："邓总，您的短视频做得特别好，我是专门来向您求经取宝的。我也是干实体企业的，主要做鹅绒被。这两年我们也试过做短视频，但一直没有做起来。"我查看了他的抖音账号，发现有3万多粉丝，便安慰他："你做得已经很不错了，起步就有 3 万多粉丝。"他却说："邓总，不瞒您说，您知道这 3 万粉丝我投入了多少钱吗？"我自然不清楚，因为我从没有在短视频上花过钱。他揭晓答案："我花了 15 万元。"我粗略计算了一下，3 万粉丝，15 万元，等于 1 个粉丝的获取成本是 5 元钱，这确实让我大吃一惊。

我一直强调，做短视频一定要内容为王。我查看了他的短视频内容，发现全是卖鹅绒被的广告。我直言不讳地指出："你的内容需要改进，纯广告很难吸引观众。在短视频创作的初期，一定要先把内容做好，再考虑如何实现销售转化。"他一拍大腿："原来问题出在这里！"虽然他的文化水平不高，年龄也比我大一些，已经五十多岁了，却是一位非常真诚、实干的老板，也很有爱心。他的企业有 300 多名员工，其中近一半都跟了他五年以上，还有三四十人已经与他并肩作战了十几年。像这样的企业主，我一定要帮。

我一点一点指导他怎么做短视频内容，从构思到拍摄，再到文案的撰写，每一步都悉心教授。我还专门前往他的公司，现场指导他们如何进行拍摄、如何写文案，还和他一起出镜。这些帮助都是无偿的。最终，在他的努力和我的辅助下，他的抖音账号粉丝量从 3 万涨到了 60 万，他也成了一个企业家网红，经常帮别人带货。这也算是一种正能量的传递。

在人际交往中，我们会通过两种方式与他人建立联系。第一种是通过友好的方式，就像我与那位卖鹅绒被的老板那样，通过多次的接触，我们逐渐增进了对彼此的了解，最终建立了深厚的信任。而第二种方式则是竞争，竞争是一个展示自己实力的绝好机会。在竞争中取得胜利，不仅会为你赢得对方的认可和发自内心的尊重，还可能成为你们深度交往的契机。

不打不相识，不打不相知。

高层次的人，往往喜欢强有力的对手。对于企业家来说，面对市场和商业的激烈竞争是家常便饭。他们深知，对手越强大，蛋糕就越大。

曾经有一个同行想要到我们公司参观，了解一下我们的产品。市场部建议拒绝，理由也很充分：首先，他是我们的竞争对手，参观可能会泄露商业机密；其次，在之前的一个项目中，他搅局了我们的谈判，给我们的价格谈判带来了不小的麻烦，而且当时我们的同事拜访他时，他态度傲慢，闭门不见。大家纷纷建议我以其人之道还治其人之身。

然而，我坚信，没有永恒的朋友，也没有永恒的敌人，只有永恒的利益。虽然在之前的项目中我们是竞争对手，但在未来的其他项目中，我们完全有可能成为合作伙伴。因为一个项目的竞争而让关系对立是不理智的。现在，既然对方抛出橄榄枝，我们就应该借机化干戈为玉帛，努力建立有利于长期合作的关系。只有以开放的心态去做企业、做市场，我们的路才会越走越宽。

敢让对手强，更要敢让合作伙伴强。

我一直强调，渠道为王，渠道建设是企业长期发展战略中不可或缺的重要环节。那么，如何有效地构建渠道呢？我总结了"十二字方针"：招得来、留得住、长得大、赚到钱。

首先，招得来。招什么人来？好的渠道伙伴一定要具备以下特质。

认同是基石。只有当渠道伙伴真正认同我们的企业，认同我们的行业、团队和理念时，才能建立起稳固且持久的合作关系。需要注意，这种认同必须是发自内心的、主动的，而非被动或强求的，因为只有这样，合作关系才能长久维持。

压力是动力源。通常来说，一个有内在压力、有迫切需求的人，更能够持之以恒地做好工作。相反，那些已经基本实现财富自由、生活无忧的人，可能只是随性投资或者想找个地方打卡上班打发时间，对于事业的成败并不在意，这样的人并不适

强　势

合成为创业企业的渠道伙伴。

能力是保障。好的渠道伙伴必须具备一定的基础能力，能够熟练推广我们的产品并从中收获成就感，这样的合作才能长久。

招到好的渠道伙伴只是第一步，签约只是合作的起点，更关键的是后面的留得住、长得大、赚到钱。怎么才能做到呢？

为此，我们需要遵循一个重要的原则——培训赋能。签约之后，我们要对渠道伙伴进行多次且定点的专业培训，将他们培养成为行业的专家。即使他们之前对这个行业一无所知，通过我们持续且深入的培训，他们也能在技术上过关，在专业上满足客户的真实需求，这一点很重要。同时，我们还要制定一套切实可行、具体明确的支持政策。这套政策要能够为渠道伙伴带来很好的点火效应，真正帮他们找到市场兴奋点，让他们长得大、赚到钱。

不求一时虚荣，但求长期向好。

◇

"十二字方针"放在员工管理上同样合适。21世纪什么最贵？人才！

招人难，留人更难。虽然就业形势不容乐观，但对中小型企业来说，招人、留人的形势更加严峻。尤其对于知识型人才，许多企业在招揽之后都会陷入困惑，不知道如何制定有效的机制来留住他们。其实我觉得这个问题的本质在于：员工为什么要跟着你干？他们的期望和目标是什么？

有人说，员工离职的原因不外乎两点：一是钱没给到位，二是心受委屈了。但我觉得员工选择一家企业实际上基于三个核心诉求：首先是赚钱，这是很现实的诉求；其次是寻找一个好的平台，来支撑他未来人生的发展；最后是舒适，简言之就是"钱多活少离家近"。

其实，你只要满足他其中一个诉求，就能留住他。与大企业相比，中小型企业在发展平台和发展空间上可能有所局限。既然前两个诉求都与赚钱有关，那你就应该在这方面下功夫。那么，如何让员工赚到钱呢？

我觉得分配机制很重要。以订单利润为例，假设一个订单完成后能产生 1 万元的纯利润，有两种分配模式：一种是员工提成占利润的 10% ~ 20%，老板拿 90% ~ 80%；另一种是员工的提成占约 60%，老板只拿 40% 左右。

尽管很多老板倾向于第一种分配模式，但若想长期留住人才并推动企业持续发展，我强烈建议采用第二种方式，哪怕你略微降低员工的底薪都可以。为什么？因为员工更看重单个订单的利润，而老板则依赖总体利润。如果你采用第一种分配机制，员工或许一个月只做一单；但如果采用第二种模式，员工可能一个月做 5 单甚至 10 单。这样员工的收入增加，老板赚的钱也随之增长。

在这样的企业中，老板讲诚信，员工也能赚到钱，自然愿意长期跟随。如果每个员工都能留下来好好干，企业何愁没有发展？在这种良性互动下，随着企业的稳步发展，平台问题也将逐步解决。同时，员工随着能力慢慢提升，在晋升为领导并且带团队后，工作舒适度也将得到提高，从而逐步实现"钱多活少离家近"的梦想。

就像我做短视频，视频发布之后，观众为什么愿意看，为什么愿意点赞甚至转发？并非因为他们都和我很熟，出于人情支持一下，而是因为我的视频内容足够好，触动了他们的内心。

同样地，员工选择跟随某位老板或加入某个企业，也是基于自身的利益考虑。只有当你能满足他们的核心诉求，他们才会真心实意地跟着你干。很多人说"大河涨水小河满"，但在我看来，没有上游的涓涓细流，长江又怎能汹涌奔腾，最终汇入大海？

这是一个企业老板、一个创业者应该有的格局。

一个企业，只有老板有格局是远远不够的，你还需要培养一批同样有格局的管理者。我们公司的管理人员都是自己培养的，几乎没有"空降兵"。我认为，只有手把手带出来的管理人员，才能真正领悟老板的思想，并切实践行老板的理念。

我曾提拔了一个员工负责综合部的工作，然而，她上任仅一周后便向我表达了她的压力。她表示，原本她只需要把具体的任务执行好，责任和压力都由领导来扛，而现在一切都需要自己扛，这让她感到难以应对。而且她觉得自己不会喝酒应酬，担心搞不好人际关系，工作会受到影响。当然，最大的压力还是来自部门内部：原来的同事成了下属，这让她在管理时感到尴尬和为难——想管却不好意思管，但不管又怕失职。

从她的困扰中不难看出，她作为新任管理者，在思维和格局上还有待提升。我建议她将办公位搬到管理层办公区。屁股决定脑袋，她只有真正身处这个环境、坐到这个位置上，才能更快地建立起管理者思维，把格局打开。这样一来，很多问题或许就能迎刃而解。如果还有问题没有解决，那就说明格局还需进一步拓展。

我鼓励她："在工作中，你代表的不仅仅是你个人，更是公司。只要是对公司有利的事情，你就应该大胆地去做。而且，不要过于在意别人的看法，更不要轻易给人贴标签。只要你以尊重、真诚和友善的态度去对待别人，你也同样会得到他人的尊重和友善。至于喝酒应酬，这并非衡量工作能力的标准。酒能不能喝和事情能不能做好，不能画等号。尤其要注意的是，不能为了应酬而喝酒，这对你未来的发展是没有帮助的。"

◇

打开格局只是起点，将格局融入管理工作才是关键。新官上任三把火，要烧的不是别人，是自己。

只有多动手才能快速站稳脚跟。切勿以为当了领导就可以随意指使别人干活，自己什么也不用干，只有亲自动手才能摸清每项工作的内在逻辑，才能做好管理。我曾经投资过一家酒店，在选拔店长时，我最终选择了一个基层的服务人员。之所以选择他，是因为他对工作的热情和高效打动了我。他坦言："领导，我没有多高的学历，也没当过领导，但我做任何事情都比别人更快，比别人更好。比如铺床单，别人一天或许只能铺10个房间，但我能铺15个，而且铺得比别人更平整。"这样的人一定对酒店运营的每个细节都了如指掌，知道每项工作怎样才能做得又快又好。所以，我觉得基层至中层的管理人员一定要具备很强的动手能力。

利他思维，则是稳固你领导地位的另一个关键。首先，你要让下属感觉到在你这里能学到东西，所以你要善于传道解惑，帮助他们解决问题，提升能力。当他们从你这里学到知识和本领，自然会对你心生敬意。其次，你要敢于担责，每个人在工作中都难免犯错，甚至可能造成损失。作为领导，此时最好挺身而出，敢于为下属分担压力。你的担当，必会换来下属的贴心和忠诚。最后，别忘了为下属争取他们应得的福利，这是一个很现实的问题。

当上了领导，职务的提升并不意味着已至成功的巅峰，相反，它往往伴随着更大的责任与挑战。

"破山中贼易，破心中贼难"，心中之贼是自己心中的自矜、自骄、自卑，是偏见、欲望、执着。"反听之谓聪，内视之谓明，自胜之谓强。"面对自己的不足，真正的强大体现为既不妄自菲薄地自卑，也不自欺欺人地逃避，而是能够听取意见努力提高。这样的过程虽艰难，却是通往真正强大的必经之路。

对手越**强大**

蛋糕就越大

不求一时虚荣
但求
长期**向好**

格局打开

问题

就

迎刃

而解

善良是一种态度

一种选择

更是一种能力

勇敢的 "不"：
尊严很贵，体面拒绝的艺术

我不跟过分贪婪的人合作。

面对那些初次接触便急不可耐地提出诸多个人利益要求的合作者，我会选择敬而远之。自幼培养的风险意识让我对任何只顾私利、忽视他人利益的行为保持高度警惕，骨子里的传统观念让我觉得与这样的人合作风险太大。

◇

刚开始做销售的时候，我遇到过一些胆子很大的客户。比如，200 万元的单子，他能跟我说只要给他 100 万元，他就能保证我以 300 万元中标。当时我还没什么经验，那一瞬间我不仅有点蒙，甚至都开始怀疑自己了："难道做销售就是这样的吗？"但我还是直接拒绝了，直觉告诉我这种人太贪了。这种损公肥私的行为是不对的。

专家级营销，一定要以筛选思维为主导。有的钱不能挣，挣得快"死"得也快。

不要不相信，慢即是快。

我做销售的时候一直都能挣到钱。为什么？因为我很少参与低级的应酬，所以一直以来我的销售成本和销售费用都比较低。我请客的目的是商谈，而非单纯的吃喝，所以通常都吃得比较简单，甚至后来连饭都不吃了，就找个方便谈事的地方喝点茶或咖啡，这样能更高效地解决核心问题。

那些耗时且低效的商务应酬，如吃饭、喝酒、唱歌等，不仅成本高，而且对后续合作的灵活性有很大束缚，常常让合作成为鸡肋。更重要的是，我个人非常抗拒这种行为，与同事和朋友的娱乐自然会很开心，但与客户的娱乐往往带有谈生意的目的，你不可避免地会降低自己的地位，好的合作要尽可能把甲乙双方拉到平等的位置，一旦建立了不对等的关系，后续的商务谈判就会困难重重。

◇

我不愿做所谓"迎合、卑微、屈辱的销售"，如果客户一开口跟我谈的就是个人诉求，我通常会拒绝。相反，我要做尊重成交，我更喜欢那些专注于细节、对合作有明确具体要求的客户。这样的客户懂货、识货，是干事的人，最是实在，他们的期望值很明确，而且有了明确期望，我很容易给他们带来惊喜。

◇

客户满意度 = 客户获得值 / 客户期望值。

客户的满意度等于客户的获得值除以期望值，而不是期望值除以获得值。要想提升客户的满意度，要么增大分子，要么减小分母。增大分子是实力问题，需要旷日持久的耕耘，前文已经讲过很多增强实力的方法，这里就不赘述了；减小分母是方法问题，你需要一些技巧来合理调整对方的期望值。毕竟，当获得值一定时，期望值越高，满意度越低。

◇

前面把话说得太满，后面很难兑现。或许有人会说，如果前面承诺不够，可能合作都达成不了。不，我认为关键在于建立信任关系。尤其是在大项目销售中，细节至关重要。一旦建立起信任关系，首要考量就不再是钱，而是安全和可靠性。

◇

我曾遇到过这样的情况：客户被竞争对手煽动，产生了过高的期望值。当他们向我提出这些期望时，我会委婉地暗示他们这些是很难实现的，甚至做到这些是有风险的。真正的合作应建立在双方共赢的基础上，而非一时的利益诱惑，也不是即兴起意的一锤子买卖。当然，我给出这种暗示的前提是我们的实力比竞争对手强，这样才能让客户信服。

我从不会一味迎合客户的满意度要求。实际上，客户的很多需求都是伪需求，甚至可能是不科学或错误的。作为专家级营销，我们比客户更专业，这个时候，我们必须敢于指出并纠正客户的不合理需求。有些不合理需求会带来什么后果，客户并不了解，我们有责任提醒或告知他们。如果我们一味迎合客户的思路，那后果谁来承担？

谈判时的满意不如交付时的满意。

在销售过程中，有一个特别重要的原则：要敢于拒绝客户。实际上，大多数客户都是通情达理的，如果谈判时一味地迎合客户，轻易承诺一些所谓的增值服务，后面执行时却发现根本无法兑现，反而会消耗彼此间的信任，客户的满意度也会大大降低。倒不如一开始就坦诚地告诉客户："这个需求我们满足不了""这个要求并不合理"或者"这样做不符合我们的规定"……如果客户说什么你就做什么，客户说怎么做你就怎么做，不仅效果大打折扣，还会让客户觉得你不专业，你们的公司没有章法和规矩，从而轻视你。

◇

在任何情况下，都不要以牺牲自己的人格和尊严为代价去做一件事。建立在相互尊重之上的合作，才是最好的合作。你尊重客户，客户也尊重你，这样即使这次没有达成合作，你们也有可能成为朋友。这样的客户才是优质客户，这样的合作才是长久合作。

尊重值得尊重的人。

在我还是普通销售员的时候，曾经历过这样一件事。一所学校准备安装中央空调，于是我前去拜访负责这个项目的对接人，他是一位老师。

到了之后，那位老师的"甲方调性"拉得特别足。我刚敲门进去，他就用下巴示意我，问道："你找谁？"我回答："我找李老师。"他依旧抬着下巴问："你找他干吗？"我便开始自我介绍，准备说明来意，并介绍我能如何满足他们单位安装中央空调的需求。然而，我刚说完自己是谁，他就不耐烦地嚷道："你这个小销售，怎么不预约就来找我？"我承认没有提前预约确实是我考虑不周，于是立马道歉："对不起，这是我考虑不周。但既然我已经来了，要是您方便的话能否给我几分钟时间，让我给您介绍一下情况？要是您不方便，我就等一会儿。"

同样没听我说完，他就继续嚷道："不预约不行，你明天再来吧。"来都来了，人也见到了，我总不能就这么离开吧，于是我说："那我把这些资料留给您，您有空了先看看，有需要再联系我。我们也可以再约时间详谈。"说着我就把资料递了过去，可他却一甩手，资料"哗啦"一声散落一地。他继续嚷道："看什么资料，不看！你走吧！"我一下子被点燃了。

受到强烈刺激时，人有时会情绪爆发，但即使是在盛怒之下，我也始终保持有礼有节。再怎么生气，我都不会进行人身攻击。这是做人的基本品质，也是一种职业精神。

不过一想到这样的人居然在学校里为人师表，我就真的忍不住了！我拿出曾经自己当老师的状态，狠狠地教育了他一番。

我说："我觉得，做人首先要学会尊重他人。你之所以这样无礼地对待我，无非看我是个小销售员，但其实在暖通设备领域我比你专业得多。说实话，就算论知识水平、经济实力我也很可能比你强很多。大热天的我来拜访你，是因为你们单位需要这些设备，我是来帮你们解决问题的。我一直对你很尊重，跟你介绍我是谁以及我的来意，你说没有预约我也及时道了歉，你说没有时间我也只是想把资料留下，这些都是出于对你的尊重。你作为项目负责人，接待我也是你的工作职责之一。这些设备不是几十元、几百元的小物件，而是几十万元、几百万元的大装置，我们双方都应该认真对待。这是我的工作，同时也是你的工作，所有的工作都应得到尊重。大热天的我来拜访你，你不愿意接待我无所谓，但你作为学校的老师，如此粗鲁

　　　　　　　　　　　　　　　　强　势

的行为实在与你的职位不符。"

我言辞犀利却又不失礼节。由于他是在一个大办公室中的一个独立隔间工作，所以我当时说的话很多人都听到了，但却没有一个人出声。他可能也没料到我会突然爆发，因为他很可能平时就习惯了这样对待别人，没想到今天碰上了我这么个"硬茬"。

实际上，在现实生活中，这样的客户屡见不鲜。他们常常沉浸在作为甲方的优越感中，觉得销售人员就是为他们服务的。如果确有一些销售人员为了业绩而对他们百般迎合，排着队请他们吃饭、恭维他们，那他们便更容易忘乎所以，不懂得如何尊重他人。所以我常说，不管身处逆境还是顺境，每个人都应该对自己有准确的定位，知道自己是谁，从哪里来到哪里去。这是亘古不变的道理。

销售绝非卑躬屈膝、迎合客户，更不是屈辱性的行业，销售人员要由内而外地自信。赢得尊重不仅是一种能力，更是促成大项目成交的关键因素。

◇

勇敢说"不"也是一种艺术。

在短视频中，我曾演绎过一个女性销售人员被客户骚扰的故事。面对此类情况，一定要勇敢说"不"，明确拒绝。但同时，为了维护合作关系并避免冲突升级，我们的应对也要讲究艺术性：在认知上严防，在行为上死守。

认知上，我们首先要明确双方的合作性质和界限。通过强调甲方和乙方的合作关系，并辅以长辈与晚辈（前辈和后辈）间的敬重之情来加固这一关系。在早期阶段，就应明确告诉对方哪些是可期望的，哪些是绝对不可触碰的，从而将任何不当的想法扼杀在摇篮中。同时，在与对方打交道时，始终使用尊称"您"，而非"你"，并努力展现出作为晚辈或后辈对对方的尊重和感激。一起吃饭、喝茶或喝咖啡时，可以主动买单，但要保持一种"敬而远之"的态度，使对方在不当心思萌芽的阶段就感到尴尬，进而打消这一念头。

行为上，要尽量避免和对方单独相处，以减少误会和不当暗示的机会。如果对方已婚，不妨在适当时机提及，比如邀请他的妻子一起吃饭，或者巧妙地赞美他的妻子——"像您这么优秀的企业家，一定有一位非常优秀的太太"，以此来提醒和强化对方的家庭责任感。

◇

通过从一开始就明确并巩固合作关系，保持适当的距离，并细心处理好每一个交往细节，或许就能慢慢化解这种尴尬，同时确保双方资源的有效利用，实现双赢。

然而，如果尽管采取了上述策略，事情仍朝着不期望的方向发展，我们应在保护自己的前提下坚决拒绝。

人都有七情六欲，但人之所以为人，就在于能够控制自己的情感和欲望。如果对方做不到这一点，那他就不是一个值得合作的伙伴，也不是你需要维护的资源。任何生意都不值得你牺牲自己的尊严，必要时，这样的合作关系要果断放弃。

一个人在社会上立足，必须怀有最基本的敬畏之心，同时不可或缺的是感恩之心。而且，你的尊重和善良一定要有尺度，有锋芒。面对不合理的要求，要勇敢地拒绝，大声说"不"。

我有一个一起长大的老同学，平时不怎么联系，确切地说这些年他就联系过我两次，都是找我帮忙。一次是为他的女儿，一次是为他的孙子。我想着都是关乎孩子前程的事情，能帮的就尽量帮一把，就都帮了他。在他看来，我只是轻松打个电话就解决了他的大难题，但实际上，我也是费尽周折，用了很多精力。

帮过之后，我就没再多想。

直到有一天，他的儿子来找我。他说话很是客气："我父亲说您现在是个大人物，让我多和您学习交流。今天来您公司一看，规模确实很大，您真可谓事业有成。我带了些小礼品来表示感谢，上次我家孩子的事情多亏了您帮忙。说实话，我们普通人想办成那件事跑断腿都找不到门路，您一个电话就帮我们解决了。"我连忙解释："没有一个电话那么简单，我也是找了朋友前前后后地帮忙。孩子的事都是大事，解决了就好。"

我本以为他是专门为这事来感谢我的，心里还挺高兴，没想到他话锋一转："我父亲也说了，您跟他是多年的老同学，关系非常好，让我有困难就来找您。这次来，一是感谢您对我们家的帮助，二来我也有个小事儿想请您帮忙。我在安徽办了个工厂，最近资金有点紧张，需要一些周转资金，我就想着找您借点钱。"这也说得过去，创业过程中谁没有过资金周转不开的时候呢？于是我问他："借多少钱？"他的回答让我有些意外："对您来说应该不算多，就 50 万元。但对我们来讲，如果借不到这笔钱，这个事儿就办不了了。50 万元，对您来说应该不是个大数目。"

我拒绝了他。我说："我和你父亲是老同学不假，但说实话我跟你父亲之间的情谊并没有他想象得那么深厚。而且我觉得你们家挺现实的，几年前，我确实帮助过你们家一次，但自那以后你父亲再也没联系过我。他似乎只有在需要帮忙的时候才会想起我，平时从不找我。其实，我找人帮忙也是不容易的，调用资源背后都有成本，都有代价，并不是像你想的那样打个电话就把问题解决了。

　　　　　　　　　　　　　　　　　　　　　强　势

"今天我们第一次见面，你开口就向我借 50 万，还说这只是小事一桩。但实际上，你们把很多事情想得太简单了。朋友和同学间的情谊，不是拿来利用的，而是拿来珍惜和维护的。事情也不像你们想得那么容易，随手就能解决，不值得感恩。我觉得，一个人必须怀有感恩之心，做事前，要先学做人。请你回去告诉你的父亲，以后不要再来找我，你们家的事，我不想再插手，因为我也无能为力。另外，这个小礼品请你拿回去，我帮你们绝不是为了这点小恩小惠，我不缺这个。"

"碗米恩，担米仇。"不懂得感恩的人，总是期望别人付出，却不想回馈，甚至贪得无厌。中国有句古话："小人记仇，君子感恩。"小人耿耿于怀，愤懑难平；君子滴水之恩，涌泉相报。

君子坦荡荡，小人长戚戚。

正所谓"道不同，不相为谋"。我欣赏懂得感恩之人，选择与之交友、共事，而拒绝与不懂感恩之人交往。善良是人最宝贵的品质，但这不意味着可以被人利用或要挟。真正的善良，要有点锋芒。

在人生的道路上，有些尊重要通过拒绝才能赢得，有些底线要通过拒绝才能守住。

在任何情况下都不要以牺牲自己的**人格**和**尊严**为代价去做一件事

要做尊重成交的销售

不做迎合卑微屈辱的销售

我的全部野心

无非就是

对自己坦然接纳
对命运无所畏惧

自己强才是王：
热闹纷扰，莫忘初心道

您是怎么抵挡住那 5000 万元的诱惑的？

我看着对方，非常认真地想了想，说："说实话，面对这样的诱惑，任何人都很难干脆拒绝，我并非没有动摇过。但人生在世，做事总得分清主次。"

投资机构曾对"赫为强哥"这个账号的潜在商业价值进行评估。他们估算，如果进行商业化运作，每年我们可能获得的收益将高达 5000 万元。谁也不会跟钱过不去，我也曾为此犹豫过：到底要不要把重心转到"赫为强哥"的商业化运作上？但最终，我选择了拒绝。

为何做出这样的选择？答案很简单：坚守初心。

我坚持做"赫为强哥"的初衷就在于以最真实的笔触，记录下创业路上的点点滴滴，无论是喜悦还是挑战。就像每年在赫为生日时，我都会写一篇文章，记录下那些真实的心情、状态和故事。同时，作为一名连续创业者，我也希望通过这个平台，分享自己的经历，传递那份不畏艰难、勇于探索的精神火种，激发更多创业者的灵感，希望他们在观看我的视频时，能感受到心灵的触动，在某一刹那引发共鸣。商业利益于我而言排在最后，还是那句话：把事情做好了，顺便赚点钱。

◇

君子爱财，取之有道。君子有所为，也有所不为。若为了那5000万元而改变初衷，我或许需要大幅调整团队架构；我可能要在内容上做出妥协，让商业性凌驾于真实性、启发性和共鸣之上；我恐怕还得投入更多的时间和精力在短视频创作和直播上，甚至可能因此忽视我的企业和团队，就像当年我一心扑在打高尔夫球上，导致企业和团队陷入困境……那样的路，虽光鲜却空洞，非我所愿。

我非常清醒地知道，我是谁，我从哪里来，要到哪里去。

对我而言，企业才是我的根基和生命力所在。"赫为强哥"，先有"赫为"，才有"强哥"。我之所以能吸引大家的关注，不是因为我的"演技"有多么好，也不是因为我有多大的本事或多高的颜值，而是因为我是一名实实在在的企业家，我们的短视频真实地记录了我的创业历程，为大家提供了有价值的启发。

从内心深处来说，我的第一身份一定是赫为科技的创始人和董事长。"一名实体企业家"，这才是我最大的背书。脱离了这层身份，"赫为强哥"也就失去了其独特的意义，我与其他网红也将无异。那样的话，我运营账号的目的就会变质，可能会把发广告和卖产品放在第一位，这显然与我的初心背道而驰。

我之所以能获得这么多粉丝的关注，主要是因为他们钦佩我作为一个实体企业家，能做成通常只有"网红"才能做到的事情，而不仅仅是对"网红"这一身份的简单崇拜。如果我放弃实体企业家的身份，完全转型成为一名职业"网红"，那我绝对不可能赢得如今这么多的尊重。

说实话，我本人对"网红"这个标签有一点点抵触。尽管社会或许需要"网红"来引领潮流，但社会更需要做实业的人。所以，在日常生活中，我经常会弱化自己身上的"网红"元素，更多地强调我是一名实体企业工作者。我总觉得，做实体企业工作者所带来的社会责任感与荣耀感，远胜于我做网红时所能感受到的。

这也正是我不愿将影响力商业化的根本原因。

◇

大雪无痕，大道至简。有时，无欲则刚，反而能出奇制胜，收获意想不到的效果。也许，正是我的这一选择，成就了"赫为强哥"的今天。然而，无论走得多远，我都不能忘记初心。

有了选择，就不再做选择。

我永远是做什么就像什么。在短视频里，我是个创业者；在直播间，我就化身销售员。这种由内而外的自信和坦然，让人们更容易接受我，也更愿意相信我。若内心特别急切，或者修为没到，就急于追求商业利益，过分关注数据和收益，只会导致动作变形，甚至可能带来一系列恶性变化。最终的结果往往适得其反。

所以，一定要将你的商业欲望关进笼子里。

为什么我在直播间里卖自己的产品？首先，品质是可控的。只有经过我亲自把关、确保放心的产品，我才会推荐给大家。其次，服务是有保障的。我背靠实体企业，确保能提供可靠的售后服务。最后，给消费者的价格能做到最优惠。追求商业利益，我始终坚守这三个根本。

◇

梦想总是美好而令人向往的，然而回到现实，我们往往不得不面对生活的琐碎和挑战。对于实体企业的创业者来说，前方的道路更是充满了荆棘。在我个人的创业历程中，我深切

　　　　　　　　　　　　　　　　　　强　势

地感受到，一路走来，利用短视频为企业赋能不失为一条明智之路。短视频和直播以其一对多的传播方式、高效快捷、低成本以及灵活的时间安排，成为当前极具影响力的媒介。在众多企业急需寻找新的市场突破口的当下，短视频无疑是个强有力的助推器。

如何利用短视频为企业赋能？结合我的个人经验，我想从几个共性角度为大家提供一些建议。

第一，明确初心至关重要。企业家和创业者通过短视频为公司创造商业价值，这本身无可厚非，商业诉求是我们做短视频的基本动力。但是，如果在创作之初就过分强调商业价值，那这样的初心或许值得反思。人都是自私的，如果粉丝点开短视频，看到的都是你赤裸裸的商业诉求，他们可能就会觉得"这跟我有什么关系"，从而失去观看的兴趣，更别提点赞、收藏和转发了。所以，做短视频的初心应融入利他性和社会性元素，让商业诉求先飞一会儿。

第二，一定要真实。很多人强调要打造人设，但在我看来，尤其对于知识主播和内容主播而言，人设不是刻意打造出来的。一个人的实力与内涵，往往会在不经意间通过眼神、言语和行为流露出来。在自媒体时代，每一个呈现都可能被无数双眼睛捕捉，任何伪装和做作都难逃观众的慧眼。因此，我拍短视频时始终坚持"不装、不假、不作、不怠"。"不装"，意味着摒弃一切矫揉造作的姿态，以最真实的自我面对镜头，我的每一条视频都是对真实生活的记录，做企业是我的主业，拍视频只是我顺带做的事；"不假"，则是我对内容真实性的坚持，真实创业故事原生态的呈现，不事琢磨而自有风味；"不作"，体现在我对视频制作的态度上，避免使用过于花哨的剪辑技巧或特效来掩盖内容的不足，而是注重通过巧妙的构思、合理的布局以及精准的剪辑来展现故事的魅力，正因为内容真实、情感真挚，拍摄过程也就显得流畅自然，非常省事；"不怠"，则体现着我的敬业与热情，坚持更新，持续学习，不断进步。或许，正是这种自然流露，才能拨动大家的心弦。

第三，一定是内容为王。做企业的人，其实没有太多时间放在短视频制作上，所以像段子、剧情之类的复杂内容并不适合我。有很多人问我："你的短视频为什么会有这么多的流量？"其实，拍摄短视频，想明白一个道理就行了，即别人凭什么要看你的短视频，凭什么给你点赞、评论和转发。一定是因为你的内容对他们来说是有价值的。无论是真实记录生活的点滴、创业的艰辛、对员工的关怀，还是分享你的委屈与成功案例，这些内容都能触动观众的心弦。但切记，不要记录成流水账，更不要过分急切地在短视频里要求粉丝给你点赞、评论或转发。诚恳的内容自会吸引观众，正所谓"桃李不言，下自成蹊"。

第四，初期不要做太多投入，特别是硬件方面的投入。有的人还没开始拍短视频，就先买了几十万元的设备，成立了专门的团队。我认为这是不必要的，前期的过多投入会让人对结果产生过高的期望，也会让人情不自禁地关注短期收益，进而影响决策的客观性，行动的持久性。轻装上阵，看天加衣才是明智之举。

第五，企业做短视频是一把手的工程。不要试图将这项任务委派给其他人，更不要以自己不专业为由推卸责任。毕竟，你所要展示的是企业形象，没有人比你更了解自己的企业，也没有人比你更有资格为其发声。最重要的是，你不会离职。因此，我强烈建议企业将短视频运营视为一把手亲自抓的工程。

第六，要坚持不懈。对于非专业短视频制作者来说，许多人往往开始时热情高涨，但最终却虎头蛇尾，半途而废。只有那些坚持不懈的人，才能最终收获成功。

第七，要不断提升企业自身的实力。短视频对于企业而言，仅是锦上添花，企业的核心价值才是根基所在。你的企业能够切实解决就业问题、真正为社会创造财富，能够将原材料转化为产品，将产品升级为品牌，将品牌传承百年，这才是企业追求的永恒价值。

莫忘初心。

◇

不急、不躁、不惧、不畏，一切都是最好的安排！

待未来。

我从何而来
又将向何处去

待未来

致 谢

从人民邮电出版社约稿，到出版发行，历经一年多时间。我是一名企业主、创业者，也是一名有着千万粉丝的自媒体网络达人，确实很忙，只能在深夜抽空写作，每一个字句，每一个章节，都是我沉下心来梳理好思绪的心灵感悟。

我不想为了渲染自己的文学功底而堆砌华丽的文字，我觉得朴实的语言更便于轻松阅读，也更利于您读下去，更便于理解和同频。希望给您交付的这件作品不会成为被您随手放进书柜的一件杂物或者摆设，而是一本您确实喜欢读、读了就有一点儿收获的书，哪怕您只读了其中的一个章节。

最为深沉的感激，献给我的母亲——那是在我生命中默默耕耘、无私奉献的灵魂。无尽的爱与支持构建的温暖港湾，成为我永远的坚实后盾，让我在风雨兼程中，始终有勇气面对挑战，有力量拥抱变化；也是母亲朴实、善良、积极、宽容的人生观和价值观，影响了我，让我能在追梦的路上，无论多远都不曾孤单。

最为热烈的感谢，献给我自己。感谢自己，一路走来，始终坚守内心的那份纯真与热爱，没有在纷扰的世事中迷失方向，永远怀揣希望，永远勇往直前。本书的创作，也是我对自我极限的一次挑战与超越，我为自己能如此真诚认真地完成这部作品而感到自豪。

最为厚重的感谢，献给那些在我成长道路上给予帮助与陪伴的伙伴，以及赫为的兄弟姐妹们。我们来自五湖四海，却因共同的梦想与信念而相聚。在创业的征途中，我们相互扶持，每一次的困难都让我们更加亲密，每一次的成功都让我们更加坚信彼此的力量。这份并肩作战的情谊，将是我一生中最珍贵的记忆。

最为真诚的感谢，献给我的每一位粉丝朋友。在这个信息爆炸的时代，你们的每一条留言、每一次转发，都是对我莫大的支持与肯定。正是有了你们的鼓励，我才更加坚定了分享自己所思所感的决心，让这份思考跨越时空的界限，触达更多心灵。你们的存在，让我的世界变得更加宽广与多彩。

此外，我还要特别感谢人民邮电出版社的许文瑛、徐竞然两位编辑及出版社的其他编辑，正是她们的诚挚邀约造就了我全身心写作的契机。在本书的出版过程中，她们以极高的专业素养和敏锐独到的洞察力，为这部作品赋予了别具一格的风采，帮助我将这本书完美呈现，与广大读者见面。

最后，我还要感谢正在阅读这本书的每一个您。在这个快节奏的当下，能够静下心来阅读一本书，本身就是一种难能可贵的品质。感谢您的坚持，感谢您愿意花费时间走进我的世界，感受文字的力量，与我一起分享人生的兴味。

我相信，世界是公平的，每一份努力都不会被辜负。

愿读到这里的您，能拥有真正的强势——对自己坦然接纳，对命运无所畏惧；能享受到真正的强大——遇强则强，顺势而为。

邓富强

2024 年秋